CHANGER SON ALIMENTATION POUR CHANGER LE MONDE

Jérôme Chosson

CHANGER SON ALIMENTATION POUR CHANGER LE MONDE

Une solution à la portée de tous

ISBN numérique : 979-10-262-9037-7

EAN papier : 9791026290384

Librinova

Courriel : contact@librinova.com
Internet : www.librinova.com

Ce livre est dédicacé

À mon épouse et mes enfants
À mes parents
À Nicolas Hulot
À tous ceux qui œuvrent pour le respect du vivant

Remerciements

Je tiens à remercier particulièrement (par ordre alphabétique) Roland Feuillas, Henri Joyeux, Olivier Leruste, Caroline Marek, Eric Scotto pour leurs conseils avisés, leur soutien et leur enthousiasme inspirant.

INTRODUCTION

Si j'avais depuis longtemps l'envie d'écrire ce livre, l'énergie employée dans mon travail et à l'éducation de mes jeunes enfants, manquait en revanche pour mener à bien ce projet. Le hasard (si hasard il y a !), faisant bien les choses, l'occasion m'a été donnée d'avoir plus de temps à consacrer à ce projet. Si la rédaction de ce livre a pris de nombreux mois, il est aussi et surtout le résultat de nombreuses lectures, rencontres, voyages, de mon expérience personnelle et professionnelle ainsi que de mon évolution spirituelle. Mais ce livre est né aussi de la prise de conscience depuis plus de 20 ans des problèmes environnementaux auxquels nous sommes confrontés et de l'urgence d'agir. Notons que ces problèmes d'environnement ne concernent pas uniquement la pollution que nous retrouvons partout, mais également la raréfaction des ressources, la réduction de la biodiversité ou encore la modification de nos écosystèmes. Alors que la dégradation du lieu où les conditions ont été réunies de manière exceptionnelle pour que la vie puisse apparaître est sans précédent, la protection de cet environnement constitue en effet le principal défi pour les années à venir auquel il faut s'atteler. Il est plus qu'urgent de réaliser que la qualité de nos vies futures, et malheureusement désormais notre survie, dépendent de la relation que nous avons et aurons avec la nature. Le fait d'avoir parcouru une partie de l'histoire en pensant que nous étions séparés de la nature ou en oubliant que les différentes espèces sur Terre ont une origine commune et un destin commun doit être un temps définitivement révolu.

Nous verrons que nos choix alimentaires simples et à la portée de tous constituent une part importante de l'effort que nous pouvons faire pour limiter et inverser la dégradation de l'environnement.

Ce livre résulte également indirectement du besoin d'apporter un éclairage aux questions que l'on me pose depuis toutes ces années et qui nous font passer, mon épouse et moi, pour des personnes « pas comme tout le monde », à savoir pourquoi je suis devenu végétarien, pourquoi nos enfants ont été allaités et ont également adopté un régime quasi-végétarien, pourquoi nous avons choisi d'offrir à nos enfants une éducation suivant une pédagogie alternative dans une école disposant d'espaces verts, d'un potager, ayant une cantine 100% biologique et réalisant du compost avec les « déchets » de celle-ci, et pourquoi nous essayons autant que faire se peut dans notre foyer d'acheter des produits biologiques et de nous soigner avec des produits naturels. Enfin, si le fait d'avoir des enfants est une chance incroyable qui donne l'opportunité, pour celui ou celle qui le souhaite, de développer des qualités humaines et de s'ouvrir sur le monde, cela procure également une énergie supplémentaire pour réaliser des choses qui ont du sens.

Le fait d'avoir grandi en ayant la chance d'avoir un grand jardin où la biodiversité et l'harmonie des formes et des couleurs étaient naturellement encouragées, d'avoir un potager, cultivé de manière biologique, utilisant un compost, l'association de culture pour lutter contre les nuisibles ou attirer les insectes pollinisateurs notamment et procurant des fruits et légumes de grande qualité gustative, sont clairement des éléments qui m'ont aidé à connaitre les merveilles et mystères de la nature, ses rythmes, de l'apprécier et d'avoir de ce fait envie de la protéger. Comme a toujours eu l'habitude de dire Nicolas Hulot (voir encadré), je ne suis pas né écologiste, mais le suis devenu au fil du temps. A ce titre, j'ai toujours été un grand fan de l'émission Ushuaïa Nature tant par les images, qui suscitent l'émerveillement, que par la philosophie de celle-ci et les messages véhiculés.

Etant gamin, je me rappelle également avoir été extrêmement surpris et plein d'interrogations lors de la visite d'un élevage de poulets organisée par mon école lorsque j'ai vu des poussins entassés dans des caisses, les unes sur les autres, et la quantité de poules sous le hangar. A travers les yeux d'un enfant, ce genre de chose n'apparaît évidemment pas très naturel.

Malgré une prise de conscience par une minorité, de nombreuses personnes sont encore trop concernées par leurs problèmes quotidiens ou le maintien de leur niveau de vie pour s'intéresser aux enjeux écologiques, pourtant majeurs. Le chemin est donc encore long pour qu'il y ait une prise de conscience d'agir par la majorité car, à défaut d'une réglementation imposée au niveau de l'Etat, seule l'action collective peut produire de vrais changements. Il suffit d'ailleurs de regarder une fois un journal télévisé, d'observer les foules se ruer dans les magasins le jour des soldes ou de savoir que la plupart des gens connaissent mieux le gagnant de la dernière émission de téléréalité que le rôle d'un arbre ou la manière dont on fait pousser naturellement un légume et à quelle saison, pour dire que la prise de conscience est loin d'être globale et que nous vivons clairement une triste époque.

Longtemps animateur des émissions télévisées « Ushuaïa le magazine de l'extrême » puis « Ushuaïa Nature », **Nicolas Hulot** a créé en 1990 la Fondation Nicolas Hulot pour la Nature et pour l'Homme dont l'objectif est de « proposer et accélérer les changements de comportements individuels et collectifs, et soutenir des initiatives environnementales en France comme à l'international pour engager la transition écologique de nos sociétés ». Il est également notamment auteur ou co-auteur de nombreux ouvrages, à l'origine du Pacte Ecologique lors des élections présidentielles en 2007 et a été envoyé spécial du gouvernement français pour la protection de la planète entre 2013 et 2016. En 2017, il accepte le poste de ministre de la transition écologique et solidaire avant de démissionner un an plus tard.

À moins d'être coupé du monde, de faire preuve d'un égocentrisme ou égoïsme exacerbé, d'une mauvaise foi certaine ou d'être un adepte de la stratégie de l'autruche face à une chose qui dérange ou effraie, nul ne peut nier que notre société fait face à une crise environnementale majeure, dont l'homme lui-même est responsable, et qui chaque jour laisse une Terre à nos enfants dans un moins bon état. A cela s'ajoute également une véritable crise spirituelle à moins que les deux soient liées.

L'homme a utilisé les fabuleuses ressources de la Terre pour se développer, rendre sa vie meilleure et s'enrichir mais l'intérêt commun a malheureusement trop souvent été oublié au passage face à l'intérêt individuel. En parallèle, le développement économique poursuivi par l'homme s'est fondé sur la consommation matérielle avec pour idée que cela pourrait perdurer indéfiniment, alors que la Terre est un espace fini avec par conséquence des ressources limitées. Gandhi avait malheureusement raison lorsqu'il indiquait que « le monde contient assez pour les besoins de chacun mais pas suffisamment pour la cupidité de tous ».

Si nos sociétés continuent aveuglement à encourager la consommation à outrance, les contraintes environnementales actuelles découlant de l'extraction et l'utilisation des ressources jusqu'à l'épuisement de ces dernières font que nous devons plus que jamais passer de nouvelles lunettes pour penser à notre présent et notre futur. Cette course pour la croissance est épuisante pour la biosphère mais également pour nos sociétés où l'homme est de plus en plus prisonnier d'un système et perd peu à peu le sens de sa vie.

Le plaisir des biens matériels, de l'avoir et de l'avoir toujours plus, du pouvoir, que nous n'emportons pourtant pas dans l'au-delà, nous a fait oublier l'essentiel et que le sens de la vie se trouve probablement autre part. Nous avons oublié le coté unique et sacré de la conscience qui a été donnée à l'Homme et l'idée que la vie est une exception dans l'univers et qu'il faut donc la préserver. Nous avons ainsi quelque peu oublié nos origines et le fait que nous ne pouvons pas nous passer de la nature car nous faisons partie intégrante de celle-ci. Comme le rappelait l'astrophysicien et fervent défenseur de la planète Hubert Reeves dans un de ses livres, nous sommes des poussières d'étoiles.

Nous avons perdu ainsi une partie de notre spiritualité

pourtant essentielle à l'être humain.

Dans son autobiographie, le Dalaï Lama rappelle qu'il a souvent déclaré que nous pouvons nous passer de religion, mais pas de spiritualité. Si la religion correspond à une démarche collective reposant sur des croyances communes, la spiritualité est un développement personnel, qui peut se faire au travers ou non d'une religion, visant à développer certaines vertus afin de tendre vers un état de bien-être, de bonheur pour soi et pour autrui. Le Dalaï Lama cite l'amour, la compassion, la patience, la tolérance, le pardon ou le sens de la responsabilité, soit des qualités qui sont en lien avec l'être et non pas l'avoir.

Peu de gens savent ou se rappellent qu'en 1968, soit il y a près de 50 ans, naissait le Club de Rome composé initialement d'une trentaine de personnes de tout bord et de toutes nationalités – des économistes, des scientifiques, des industriels, des personnes de la sphère éducative, des humanistes, des hommes politiques...- dont l'objectif était de réfléchir à la situation actuelle et future de l'homme, à son développement et de susciter des débats dans nos sociétés afin de contribuer d'une manière « interdisciplinaire et holistique à un monde meilleur »[1]. Or, un monde meilleur de signifie pas uniquement une croissance du PIB mais également un monde sans guerre, sans faim, un monde avec moins de pauvreté, un monde avec plus de bien-être, de solidarité, de beauté et de liberté par exemple. Les auteurs souhaitaient également que les hommes prennent conscience de la nécessité d'agir afin de préserver l'habitabilité de la planète pour eux-mêmes et les générations futures. Les réflexions menées au sein de ce club ont conduit à la publication en 1972 du rapport sur les

1. https://www.clubofrome.org/about-us/https://consortia.si.edu/sites/default/files/limits-to-growth.pdf http://sustainability.psu.edu/fieldguide/resources/meadows-et-al-1972-present-limits-to-growth-a-report-for-the-club-of-rome/

limites de la croissance (The Limits to Growth).

En indiquant notamment que la capacité des écosystèmes de la planète qui absorbent les déchets et les substances chimiques d'une part et que la stabilité sociale, la paix ou encore le taux d'emploi d'autre part faisaient parties des ingrédients nécessaires à la poursuite de la croissance (démographique et/ou économique), les auteurs introduisaient à cette époque dans la réflexion la notion de développement durable.

Le rapport mentionnait ainsi déjà notamment la problématique des émissions de CO2 liées à l'utilisation de l'énergie pour se développer, la production de déchets nucléaires, l'augmentation des résidus chimiques persistants dans l'environnement, la baisse de la population animale et l'augmentation des résidus de pesticides dans le corps humains.

Dans un monde fini, nous avons logiquement besoin de faire des concessions. Mais finalement, le monde a continué à se développer en augmentant les dommages infligés à la planète tout en accroissant les richesses des plus riches au lieu du partage de celles-ci, accentuant ainsi les inégalités. En parallèle, les guerres et la violence en général sont loin d'avoir été éradiquées. Bref, nous pouvons clairement nous poser la question de savoir si nous nous acheminons vers un monde meilleur.

Ironie du sort, Maha Thray Sithu U Thant, 3e Secrétaire Général des Nations Unies, indiquait en lien avec ce rapport de 1972 que les nations avaient peut-être 10 ans pour changer nos façons de faire et améliorer l'environnement humain et que, passé ce temps, il craignait que les problèmes atteignent des proportions telles qu'ils seraient ensuite hors de contrôle…

Si des prises de consciences se sont quelques peu éveillées à cette époque, il a tout de même malheureusement fallu attendre 1987 pour que la Commission mondiale sur l'environnement et le développement de l'Organisation des Nations Unies apportent une définition du développement durable (sustainable development) présentée dans son rapport dénommé « Our Common Future » (dit rapport Brundtland) : « un développement qui répond aux besoins du présent sans compromettre la capacité des générations futures à répondre aux leurs ».

Les principes sous-jacents du développement durable ont ensuite été énoncés en 1992 à l'occasion du 3ème Sommet de la Terre de Rio organisé par l'Organisation des Nations Unies. Celui-ci a donné lieu à la signature par plus de 150 pays de la Convention-Cadre des Nations-Unies sur les Changements Climatiques (CCNUCC) dans le cadre de la lutte contre le changement climatique. Il est intéressant de noter que le développement durable ne concerne pas uniquement l'environnement mais englobe également un volet économique et un volet social (principe d'équité).

Selon l'organisation à but non-lucratif Global Footprint Network, dont un des objectifs est de mesurer l'impact de l'homme sur la planète, le milieu des années 80 marque un tournant dans l'histoire de l'humanité. C'est en effet à partir de cette période que, selon le modèle développé par l'organisation, l'Homme a commencé à utiliser chaque année plus de ressources de la Terre que la capacité de cette dernière à les produire. Un constat qui aurait dû logiquement faire réagir mais qui n'a pas freiné l'humanité dans sa soif de développement à tout prix si bien que nous utilisons désormais 1,5 terre par an. Autrement dit, il faut environ 18 mois à la planète pour régénérer ce que nous prélevons chaque année. Nous émettons ainsi plus de CO2, principal responsable du changement climatique, que ce que les océans peuvent absorber, prélevons plus de poissons des mers par rapport à leur capacité à renouveler leur stock, coupons la forêt plus rapidement qu'elle ne se régénère alors que celle-ci joue un rôle central pour la fertilité des sols, dans l'absorption du CO2 et abrite une biodiversité incroyable. Nous voyons des espèces animales et végétales disparaitre (selon le Global Living Planet Index de l'association WWF, le nombre d'espèces de vertébrés a été réduit de plus de 50% en 40 ans) sans maitriser les conséquences sur les écosystèmes et sans même avoir eu le temps de savoir si elles pourraient être utiles notamment au niveau de la santé humaine. Les ressources se faisant plus rares, il apparaît également évident que le dépassement de la limite écologique contribue à l'émergence de conflits et guerres dans le monde.

Ce comportement est clairement une insulte pour nos enfants et constitue également une injustice vis-à-vis de l'ensemble des êtres vivants. Il est aussi aliénant dans la mesure où un système basé sur la croissance impose le « dieu argent » comme une fin en soi au détriment de tout le reste. Un proverbe mentionne que lorsque le dernier arbre sera abattu, la dernière rivière asséchée, le dernier poisson pêché, l'homme s'apercevra que l'argent n'est pas comestible. L'Homme n'a t'il également pas d'autres chemins à explorer que celui sur lequel il est actuellement engagé et puisse ainsi faire honneur à la vie ?

Lorsque nous ramenons l'histoire de l'univers en 24 heures, l'homme n'apparaît sur terre qu'à la dernière minute mais force est de constater que son empreinte est considérable. Considérable au point que le seuil de dépassement des limites de la planète nous met face à un risque d'effondrement dans un avenir relativement proche, c'est-à-dire de déclin rapide de certaines espèces, y compris bien évidemment de l'espèce humaine.

En 2012, le magnifique film « Il était une forêt », réalisé par Luc Jacquet (oscar du meilleur film documentaire pour son film *La Marche de l'Empereur* notamment) en collaboration avec le botaniste et biologiste Francis Hallé spécialiste et passionné des forêts, sortait en salle en France avant d'être diffusé dans d'autres pays européens. Dans ce film documentaire, le spectateur est sensibilisé sur le fait qu'il faut entre 50 et 400 ans pour que la forêt d'arbres pionniers devienne une forêt secondaire et environ 700 ans pour que la forêt secondaire redevienne à l'état primaire (vierge) alors que quelques jours seulement sont nécessaires pour qu'une forêt tropicale abritant des arbres millénaires soit rasée sans le moindre remord et sagesse quant à la notion du temps nécessaire à la vie. Or, nous le savons c'est dans une forêt tropicale que le nombre d'espèces végétales et animales est le plus élevé (il est estimé que les forêts tropicales abritent 90% des espèces sur Terre) mais également que les animaux et la végétation vivent en parfaite symbiose. Si les animaux se nourrissent de plantes environ ¾ des espèces d'arbres tropicales dépendent également des animaux pour disperser leurs graines mais aussi pour se défendre face à certains prédateurs. Par exemple, certains arbres sécrètent de faux œufs sur leurs feuilles afin d'attirer des fourmis et de se protéger ainsi des chenilles gourmandes. Un exemple parmi tant d'autres de collaboration nécessaire à la survie.

Nul besoin de dire que nous sommes face à un réel problème majeur peu importe l'échelle de temps que nous prenons.

La crise environnementale englobe en particulier le changement climatique, la perte de la biodiversité, l'érosion des sols, la réduction des ressources naturelles, la pollution des océans et le déclin des ressources halieutiques, la déforestation, la diminution des ressources en eau douce et potable ainsi que la production de denrées alimentaires essentielle à notre survie et notre développement. La liste est longue. Trop longue.

Et ce n'est pas noircir le tableau que de dire que l'humanité elle-même est désormais menacée. Quel terrible destin que l'Homme lui-même se détermine.

A-t-il oublié que la Vie n'est pas la norme mais une exception dans l'univers et perdu ainsi le respect et l'émerveillement que l'on devrait accorder à la Terre mère, a-t-il oublié le privilège d'être la partie consciente de la nature? N'a t'il aucune croyance sur le sens de la vie terrestre? Pense t'il que cela fait sens de laisser à ses propres enfants un lieu plus dégradé que ne l'ont laissé ses ancêtres, amenuisant la qualité de vie et les conditions d'épanouissement sur Terre des générations futures avec le risque, si nous continuons de la sorte, que tout s'arrête un jour?

Lors du Sommet des Consciences en 2015, Nicolas Hulot demandait si nous allions enfin honorer cette conscience et exhortait chacun à prendre soin de la planète : « Pourquoi devons-nous prendre soin de la planète? Pas simplement pour la planète parce que la planète pourrait très bien se passer de l'humanité. Mais à l'inverse l'humanité ne pourra pas se passer de la planète. Mais si je dois adosser une seule réponse à cette question, pourquoi devons-nous agir chacun là où nous sommes, peut-être pour une seule raison, probablement la plus lourde pour éviter qu'un jour nos enfants nous détestent. Parce que nous sommes en situation d'injurier l'avenir, de mentir à nos enfants ».

N'est-ce pas le souhait le plus cher d'un père ou d'une mère que de laisser à son enfant un lieu, un environnement lui permettant de s'épanouir et d'être heureux?

Il devient de plus en plus évident que cette

crise environnementale nourrit également les crises économiques, sociales, alimentaires et sanitaires, lesquelles sont sources d'instabilité et de conflits.

Réciproquement, ces crises accentuent la crise écologique car si le développement économique reposant sur la consommation à outrance est préjudiciable pour la planète, la pauvreté est également une des causes d'aggravation de la dégradation de l'environnement. Ce lien avait été déjà été évoqué par Indira Gandhi, premier ministre indien, lors de la première conférence des Nations Unies sur l'Environnement en 1972 qui indiquait que « la pauvreté et le besoin étaient les plus grands pollueurs ». Pourtant, certains peuples indigènes d'Amazonie ou amérindiens sont des exemples montrant que la pauvreté monétaire ou de biens matériels n'est pas antinomique avec le respect de son environnement. Dans notre développement, n'avons-nous pas oublié que la Terre n'appartient pas à l'Homme, que c'est l'Homme qui appartient à la terre pour paraphraser les paroles d'un chef indien. Dans d'autres régions ou communautés où les ressources se raréfient, l'équilibre entre l'Homme et la nature a été rompu et la mémoire d'où nous venons et que nous ne sommes pas séparés de la nature a été perdue pour une raison ou pour une autre. Dès lors, comment peut-on reprocher à une personne ou une famille ayant du mal à subvenir à ses besoins primaires, en premier lieu de manger à sa faim et d'avoir un toit, de ne pas avoir de conscience environnementale ? Dans ce cas de figure, la précarité est clairement un frein à la lutte contre la crise écologique.

La sonnette d'alarme a déjà été tirée il y a longtemps mais il est malheureusement chaque jour un peu plus urgent d'agir.

Intuitivement, ce n'est pas véritablement du côté

des industriels que nous devons attendre des solutions d'urgence car la grande majorité de ces derniers reste de toute façon enfermée dans leurs propres schémas (recherche de profit le plus généralement à court terme, besoin de rester compétitif, business model basé sur l'exploitation des ressources de la terre...) qui sont bien souvent peu ou pas compatibles avec le fait de préserver véritablement les ressources et l'environnement. Quel est l'intérêt en effet par exemple pour une entreprise, de choisir une source d'énergie renouvelable si elle peut avoir accès à une source d'énergie non renouvelable et fortement émettrice de gaz à effet de serre moins onéreuse ? De même, quel est l'intérêt pour un producteur de pesticides ou d'engrais de synthèse qu'une agriculture biologique respectueuse de l'environnement se développe alors qu'il tire un bénéfice de la vente de ses produits auprès d'une agriculture conventionnelle même si celle-ci dégrade les sols, réduit la biodiversité et a des conséquences sur la santé ? La situation du secteur alimentaire est d'ailleurs alarmante dans la mesure où les principaux fabricants de pesticides contrôlent plus de 90% du marché et font également généralement partie de groupes produisant des semences (dont la culture va de pair avec l'utilisation de pesticides...), marché également entre les mains de quelques industriels. Le secteur de la fabrication d'engrais de synthèse, du négoce des céréales et du soja et de l'élevage est également dominé par quelques entreprises. Récemment, Bayer, présent sur le marché des semences et des pesticides a d'ailleurs renforcé ses positions sur ces 2 marchés en rachetant la société Monsanto. Le conglomérat chinois ChemChina (via sa filiale ADAMA), présent notamment dans le secteur des pesticides et de la pétrochimie, a de son côté fait l'acquisition de Syngenta (numéro 2 du marché) spécialisé dans les pesticides et les semences. Bayer et ChemChina deviennent ainsi les 2 principaux leaders sur le marché des pesticides et des semences. Sur le marché des engrais de synthèse, c'est le numéro 2 (Agrium) et le numéro 4 (Potash Corp.) du secteur qui ont décidé de fusionner afin de devenir le leader du marché... Au global, les 10 premières entreprises du secteur des semences représentent un chiffre d'affaires de plus de 25 milliards de dollars, celles du secteur des pesticides de plus de 40 milliards de dollars et celles du secteur des engrais de synthèse de plus de 65 milliards de dollars. Autant dire que ces entreprises n'ont pas véritablement intérêt à ce que le système qui prédomine évolue dans une autre voie. Malheureusement, comme le disait un des précurseurs de la culture biodynamique dont un des objectifs est de préserver et d'améliorer la fertilité de la terre pour les générations futures, « les engrais chimiques enrichissent le père mais appauvrissent le fils » [2]. Si développer une entreprise avec pour objectif de mieux préserver les ressources et de mieux respecter l'environnement dans son ensemble se fait nécessairement au détriment du niveau de rentabilité, cela implique de la part des différentes parties prenantes une certaine philosophie de vie où des valeurs, autres que seulement financières, sont recherchées. Si cela est possible, cela reste malheureusement une minorité.

Si l'organe exécutif de chaque nation dispose théoriquement d'un pouvoir fort à même de transformer une société afin de répondre à cet état d'urgence, l'histoire montre que le monde politique n'est pas toujours à la hauteur des enjeux qui nécessitent un changement de radical, à la fois social, industriel et politique. D'une part, il est illusoire de continuer de penser qu'une croissance infinie est possible dans un monde disposant

2. La Fecondité de la terre, Pfeiffer p 61 The limits to growth p 12.

de ressources finies et d'autre part la persistance à se focaliser sur le Produit Intérieur Brut (PIB), en tant qu'indicateur de richesse d'un pays, est incompatible avec un développement véritablement durable. On notera au passage que sur la dizaine de thèmes abordés en mai 2017 lors du débat du second tour des élections présidentielles françaises, aucun ne concernait l'enjeu climatique et écologique alors qu'il s'agit pourtant du principal défi du 21e siècle ! Doit-on le rappeler, l'environnement n'est pas l'affaire d'un parti mais doit au contraire être au cœur de toutes les formations politiques. Le choix de Nicolas Hulot par le nouveau gouvernement Macron-Philippe pour le poste de ministre de la transition écologique et solidaire était en tout cas un signe positif. La volonté de changement de cap étant clairement là, un immense espoir pouvait être permis quant au nouvel élan qui aurait pu être donné sur le court et long terme. Sa démission plus d'un an après sa prise de fonction, pleinement compréhensible, laisse un goût amer vis-à-vis du monde politique.

L'exemple de l'ile de Pâques, symbole de la planète Terre à petite échelle, constitue à ce niveau un élément de réflexion sur la notion de développement dans la mesure où l'exploitation des ressources de l'ile a généré du PIB mais de manière non durable et a mené la société, lorsque les ressources sont venues à manquer, à son déclin le plus total et à un PIB finalement à zéro. Il est intéressant également de garder à l'esprit qu'il est plus « avantageux » pour la société que l'on déverse des engrais de synthèse et des pesticides sur les champs car cela crée du PIB alors qu'un cultivateur ayant opté pour une agriculture biologique en générera moins pour une même production donnée. Par ailleurs, les dépenses pour soigner les maladies liées à un environnement dégradé ou la consommation d'énergie fossile pour se chauffer en hiver ou se rafraichir en été sont également génératrices de PIB... A force de se focaliser uniquement sur la croissance du produit intérieur brut, qui mesure essentiellement la production marchande, et de voir ce dernier comme l'arme unique pour lutter contre le chômage ou comme l'indice du développement du pays, quel devient finalement l'intérêt pour un gouvernement d'encourager des industries plus respectueuses de l'environnement et de la santé des gens si cela se fait au détriment de la croissance économique à court terme et d'encourager les habitants à cultiver un potager bio pour leurs besoins personnels tout en partageant le surplus avec ses amis ou voisins car cela ne génère aucun PIB ?

L'écologie ne devrait pas être un parti politique parmi d'autres mais être au cœur du programme de chaque homme politique et occuper une place centrale dans le débat public.

L'exemple du Bhoutan est intéressant dans la mesure où le pays accorde une place prioritaire à la protection de l'environnement (la priorité est donnée à l'agriculture biologique avec un objectif de devenir autosuffisant notamment et la forêt couvre encore la majorité du territoire) et a développé un indice du Bonheur National Brut afin d'avoir une vision alternative pour le développement du pays dont le PIB par habitant est plus de 15x inférieur à celui d'un pays comme la France. L'objectif n'est donc pas de mesurer uniquement la richesse monétaire mais le niveau de bonheur de la population sur la base d'un ensemble de critères mesurant notamment le niveau de vie (la possession de terre ou de bétail est notamment prise en compte à ce niveau), la santé (on ne mesure pas ici classiquement le nombre de médecins par habitant mais plutôt le nombre de jours de maladies, le nombre de maladies chroniques ou les cas de dépression par exemple), l'éducation, l'utilisation du temps (le temps de sommeil ou l'équilibre entre le temps de travail et les loisirs sont pris en compte par exemple), la bonne gouvernance, la résilience écologique, la culture, la vitalité communautaire ou encore le bien-être psychologique (l'idée est de mesurer le niveau de satisfaction des habitants en fonction de nombreux critère : santé, situation familiale, état émotionnel, niveau de spiritualité, de compassion, de générosité, de quiétude, de stress, de colère...). Certes, cet indicateur ne résout pas tous les problèmes auxquels est confronté le pays, mais il a le mérite de proposer une vision différente et à plus long terme que celle du modèle de développement de nos sociétés. Il montre en effet ses limites dans de nombreux domaines, que ce soit au niveau de la pérennité de ce dernier en raison notamment du dépassement écologique atteint (nous consommons plus que la capacité de la terre à se régénérer) ou du bien-être et de l'épanouissement des êtres humains. Il est temps de ne plus regarder uniquement le compte de résultat d'un pays ou de la planète, alimenté par la consommation et l'utilisation des ressources, mais son bilan, c'est-à-dire la valeur des ressources que nous offre la nature (forêts, sols fertiles, ressources marines, matières premières de toutes sortes...)

Dès lors, nous ne pouvons qu'adhérer aux propos, avancés notamment par le Club de Rome, affirmant que dans un monde de dépassement écologique, parier sur la poursuite d'un développement reposant sur l'utilisation des ressources pour stabiliser une économie ne fonctionne plus.

La Déclaration de Stockholm lors du 1er Sommet de la Terre (1972) proclamait pour la première fois le fait notamment que « l'Homme a un droit fondamental à la liberté, à l'égalité et à des conditions de vie satisfaisantes, dans un environnement dont la qualité lui permette de vivre dans la dignité et le bien-être et qu'il a « le devoir solennel de protéger et d'améliorer l'environnement pour les générations présentes et futures ». La Charte de l'Environnement intégrée en 2005 dans le bloc de constitutionnalité du droit français considère notamment que « les ressources et les équilibres naturels ont conditionné l'émergence de l'humanité, l'avenir et l'existence même de l'humanité sont indissociables de son milieu naturel, l'environnement est le patrimoine commun des êtres humains, l'Homme exerce une influence croissante sur les conditions de la vie et sur sa propre évolution, que la diversité biologique, l'épanouissement de la personne et le progrès des sociétés humaines sont affectés par certains modes de consommation ou de production et par l'exploitation excessive des ressources naturelles, que la préservation de l'environnement doit être recherchée au même titre que les autres intérêts fondamentaux de la Nation » et « qu'afin d'assurer un développement durable, les choix destinés à répondre aux besoins du présent ne doivent pas compromettre la capacité des générations futures et des autres peuples à satisfaire leurs propres besoins », force est de constater qu'il y a tristement un fossé entre les discours politiques et la réalité.

Au niveau international, la Conférence des Parties (COP) de l'ONU, qui est censée prendre des décisions afin de lutter contre le changement climatique, est également un exemple de l'incapacité des gouvernements à s'engager réellement pour résoudre le problème tant les intérêts politico-économiques sont forts. Rendons-nous compte que l'accord international visant à réduire les émissions de gaz à effet de serre (protocole de Kyoto) n'a été signé qu'en 1997 et n'est entré en vigueur qu'en 2005 soit plus de 30 après le rapport alarmiste du Club de Rome et plus de 10 ans après la signature de la Convention-Cadre des Nations-Unies sur les Changements Climatiques (1992) et le premier rapport du Groupe d'Experts Intergouvernemental sur l'Evolution du Climat GIEC (1990). Rendons-nous compte que nous en sommes désormais à plus d'une vingtaine de conférences, à raison d'une réunion par an, et que nous en sommes encore à seulement atteindre un objectif visant à limiter le réchauffement climatique en dessous des 2°C d'ici 2100 (1,5°C depuis la COP 21). La raison ne nous dit-elle pas de se fixer un objectif de 0°C le plus rapidement possible ?

Lorsque nous savons qu'il faudrait dépenser environ 1% du PIB mondial (selon le rapport Stern réalisé en 2006) soit près de 700 milliards de $ par an d'ici à 2050 pour stabiliser les émissions de gaz à effet de serre, les chiffres de certaines dépenses interpellent. Les dépenses militaires annuelles dans le monde s'élèvent à plus de 1 600 milliards, les dépenses publicitaires ont atteint plus de 550 milliards de dollars et celles des pesticides et engrais de synthèse près de 200 milliards de dollars en 2016. De même, les subventions au profit des énergies fossiles, selon l'Agence International de l'Energie, s'élevaient encore à près de 500 milliards en 2014 et à plus de 300 milliards de dollars en 2015 (montant en baisse en raison de la baisse des prix des combustibles fossiles et également des réformes des politiques de subventions de certains états) contre environ 150 milliards de dollars pour les énergies renouvelables. Il y a de quoi se poser quelques questions sur la volonté réelle des gouvernements et sur l'intelligence de l'homme et sur les priorités que nous souhaitons donner à l'humanité.

Au final, ce que nous faisons réellement, c'est uniquement ralentir la vitesse à laquelle nous scions la branche sur laquelle nous sommes installés. Il semble donc que les solutions doivent se trouver sur d'autres chemins plus proches de l'individu.

Le temps des lamentations est de toute façon fini depuis longtemps. Chaque individu doit en effet être conscient de sa propre responsabilité face à la crise actuelle car notre comportement de consommateur a des conséquences directes et multiples au niveau environnemental ce qui a des impacts comme nous l'avons vu sur l'économie, la société, la santé et la stabilité des pays. Mais cette responsabilité veut aussi dire que nous avons un véritable pouvoir à transformer la société et le monde qui l'entoure. L'illustration la plus emblématique de ce pouvoir est celle de Gandhi où le changement de comportement individuel, en l'occurrence la désobéissance face aux règles caractérisées comme injustes, prônée auprès des citoyens sud-africains et indiens a permis de faire évoluer, et ce de manière non violente, la société dans chacun de ces pays. Et ce changement de comportement ne doit pas être réservé à une certaine population d'individus car comme le raconte magnifiquement le conte amérindien mettant en scène un petit oiseau, un colibri, s'activant pour éteindre un feu de forêt, chacun doit faire et peut faire sa part.

C'est cette légende qui a d'ailleurs inspiré Pierre Rabhi (agriculteur, écrivain, philosophe et conférencier français d'origine algérienne, Pierre Rabhi est l'un des pionniers de l'agroécologie et reconnu expert international pour la lutte contre la désertification. Il est à l'origine des associations Colibris et Terre & Humanisme, du centre agroécologique Les Amanins et auteur de nombreux ouvrages) pour créer son association Colibris qui place « le changement personnel au cœur de sa raison d'être, convaincu que la transformation de la société est totalement subordonnée au changement humain ».

Pourquoi faire sa part? Tout simplement parce que

ce n'est que de manière collective que nous pourrons véritablement trouver des solutions et changer la société en profondeur. Egalement parce ce que c'est tout d'abord un devoir de préserver la vie à la fois rare, magique et fragile (« Etre homme, c'est précisément être responsable » disait Antoine de Saint Exupéry) et ne pas compromettre celle des générations futures y compris celle de nos propres enfants, et parce qu'œuvrer pour le bien commun et transmettre donne probablement plus de sens à la vie que d'accumuler des richesses que nous n'emporterons de toute façon pas dans l'au-delà. Nous avons trop tendance à oublier que nous ne sommes que des passagers sur cette belle planète. Egalement, parce que nous ne pouvons plus penser que notre devenir personnel et celui de nos enfants est indépendant de celui des autres, qu'ils soient nos propres enfants, nos voisins de quartier ou à l'autre bout du monde. Enfin, parce que nous ne voulons pas en tant que parents avoir le regret de ne pas avoir fait le maximum pour nos enfants. Face aux crises actuelles et aux défis qui se présentent devant nous, trop de gens ont malheureusement tendance à réagir pour se protéger en se battant pour augmenter leur niveau de vie ou leurs niveaux de richesse et à se replier ainsi sur eux-mêmes. Il est vrai que l'ampleur des multiples crises actuelles et le développement d'un pays comme la Chine, avec son milliard d'habitants fait peur. Malgré l'expérience des erreurs faites par les pays occidentaux et la philosophie ancienne taoïste de la Chine basée notamment sur le fait que le bonheur résulte d'un cheminement intérieur, il est malheureux que ce pays ait choisi un modèle de développement basé sur la consommation et le rattrapage du niveau de vie atteint par le monde occidental avec pour conséquence une accélération de la pression sur la planète. Mais ce n'est pas une raison pour ne rien faire d'autant que les pays du Nord ont clairement à la fois une part importante de responsabilité face à la crise environnementale actuelle et également une dette par rapport aux pays du Sud. Il ne faut pas se culpabiliser mais au contraire agir en tant que personne responsable.

Lorsque nous regardons les choses en face, nous pouvons nous sentir dépourvus face à l'ampleur des sujets à traiter. Et la peur qui peut découler de tous les problèmes qui nous entourent et menacent de modifier notre train-train quotidien ou notre confort acquis ne doit pas se traduire par une attitude de déni, ce qui malheureusement est trop souvent le cas. S'il est utopique de penser que nous pouvons résoudre à la fois tous les problèmes et de surcroit tout seul, faire sa part, à son niveau et selon ses moyens, et agir de manière collective est en revanche une véritable solution, source d'un véritable changement et de plus de sens.

Une problématique majeure de la crise écologique est que, généralement, certains problèmes environnementaux se passent loin de chez nous (sécheresse dans un pays du sud, ouragan dans un pays à l'autre bout de la planète, déforestation d'une forêt tropicale, nappe de pétrole de l'autre côté de l'atlantique, blanchiment des coraux...), qu'ils ne se voient pas (pollution d'une rivière ou d'une nappe phréatique, taux de CO2 dans l'atmosphère, pollution radioactive, pesticides sur un champ ou dans un aliment, disparition d'espèces, polluants liés au matériaux dans notre maison, abattage massifs des animaux dans un endroit loin des yeux du public...) même si cela se déroule à notre porte, ou que les effets sont différés dans le temps (impact de la pollution et des pesticides sur la santé, impact de l'agriculture intensive sur la fertilité de la terre...). Cela nous rend ainsi distants et facilement peu ou pas concernés par ces sujets. Il apparaît en effet clair que nous aurions plus de mal à manger de la viande après avoir visité un abattoir, que les gens auraient plus conscience du changement climatique si l'atmosphère changeait de couleur ou de goût proportionnellement au taux de CO2 ou de pollution et qu'ils seraient moins enclins à manger des aliments contenant des pesticides si une maladie se déclarait rapidement après son ingestion. A cela s'ajoute le fait que trop de personnes pensent que les problèmes d'environnement vont arriver dans un avenir lointain alors qu'ils sont malheureusement d'ores et déjà d'actualité ou vont se matérialiser dans un avenir plus ou moins proche. Nous nous comportons trop comme la fameuse grenouille qui ne savait pas qu'elle était cuite. Tout comme la grenouille plongée dans de l'eau froide, puis chauffée progressivement, qui finira ébouillantée (si le batracien avait été plongée dans de l'eau déjà chaude, elle aurait réagi en bondissant hors du récipient), nous acceptons, sans action, les bouleversements qui nous entourent mais qui pourtant nous menacent et nous mènent à un avenir moins radieux.

Si les problèmes environnementaux sont nombreux et importants et qu'il y a de multiples façons pour chacun d'agir à son niveau, j'ai choisi dans ce livre de parler de nos choix alimentaires car l'alimentation est à la fois un acte primaire et essentiel à notre survie, un élément qui concerne notre quotidien, une chose qui nous relie à la terre, à la nature et aux autres, et qui a des impacts importants dans de nombreux domaines, qu'ils soient au niveau de l'environnement, de la santé, du social, du respect du vivant ou au niveau spirituel. De surcroît, nos choix alimentaires, lorsqu'ils sont possibles, permettent de transformer de manière importante nos sociétés. « Quand on pense qu'il suffirait que les gens n'achètent plus ces produits pour qu'ils ne se vendent pas !

» indiquait fort justement le regretté Coluche. Se nourrir n'est plus une affaire seulement privée. Le choix que nous faisons au niveau de notre alimentation est un véritable pouvoir individuel dont nous disposons. Gandhi en a usé en défendant le fait que les changements personnels permettent de changer le monde autour de soi.

Par le simple fait de choisir ce que nous mangeons, nous avons ainsi le pouvoir de changer les choses. Ainsi, adopter une alimentation respectueuse de l'environnement devient un véritable acte éco-citoyen, choisir des aliments non pollués et ayant le plus de vitalité possible est le gage d'une meilleure santé physique et mentale. De même, respecter le vivant et le bien-être animal, est une chose permet de nous rendre plus humain.

Dans les chapitres qui vont suivre, nous détaillerons en quoi de meilleurs choix alimentaires permettent de lutter contre le changement climatique, d'encourager la biodiversité, d'assurer la pérennité de la fertilité de la terre et la qualité des eaux, de préserver les ressources marines, de contribuer au bien-être animal, de respecter le vivant et de préserver ou d'améliorer notre santé.

Si l'écrivain Bernard Werber disait que ce qui est important n'est pas de convaincre mais de faire réfléchir, j'espère toutefois que ce livre servira à la fois à faire réfléchir le lecteur et à le convaincre de l'importance de l'action et de l'acte individuel pour transformer nos sociétés et du fait que nous avons un devoir en tant qu'être humain de faire honneur à la vie et une responsabilité vis-à-vis des générations futures.

Au-delà des actes quotidiens que ma famille s'efforce de faire pour aspirer à un monde meilleur, j'espère que ce livre permettra également de faire un peu plus que notre part et d'inciter le lecteur à contribuer à la construction d'un monde plus solidaire et durable.

CHOIX ALIMENTAIRES ET CHANGEMENT CLIMATIQUE

La planète se réchauffe, tout le monde aux quatre coins de la planète perçoit déjà que le climat est déréglé et il devient chaque jour un peu plus urgent d'agir.

Si la problématique du réchauffement climatique résultant des activités de l'homme est connue depuis le milieu du 19e siècle par la sphère scientifique, il a fallu plusieurs décennies pour que des engagements soient pris par les gouvernements des différentes nations pour contenir la hausse des températures et cela fait seulement moins de 20 ans que des articles, documentaires ou films à destination du grand public traitent de ce sujet.

Pourtant le changement climatique est probablement le défi le plus important auquel l'humanité doit actuellement faire face tant les conséquences sur l'environnement sont importantes avec le risque ultime d'engendrer la disparition de l'homme.

Selon le GIEC (Groupe d'Experts Intergouvernemental sur l'Evolution du Climat), le changement climatique est la variation sur une période longue de l'état du climat qui désigne le temps moyen sur une période variant de quelques mois à des millions d'années mesuré notamment par la température, le niveau de précipitations et de vent.

Le climat a connu des évolutions naturelles importantes depuis l'origine de la terre en fonction notamment des cycles du soleil et de l'activité volcanique par exemple mais les scientifiques du monde entier (travaux du GIEC) s'accordent désormais sur le fait que les activités humaines sont le principal facteur causant le changement climatique depuis 1950 (sur la base d'un degré de certitude qui atteint désormais 95%, cette responsabilité est estimée « extrêmement probable »).

Les gaz à effet de serre contenus dans l'atmosphère en particulier ont en effet désormais un impact plus important sur le climat que les phénomènes naturels.

Il est important de souligner que l'effet de serre est un phénomène naturel qui a permis à la vie telle que nous la connaissons de se développer sur terre. La terre tirant sa chaleur du soleil, c'est en effet grâce à certains gaz contenus dans l'atmosphère qu'une partie de la chaleur des rayons du soleil est maintenue à la surface de la terre.

L'effet de serre, un phénomène naturel

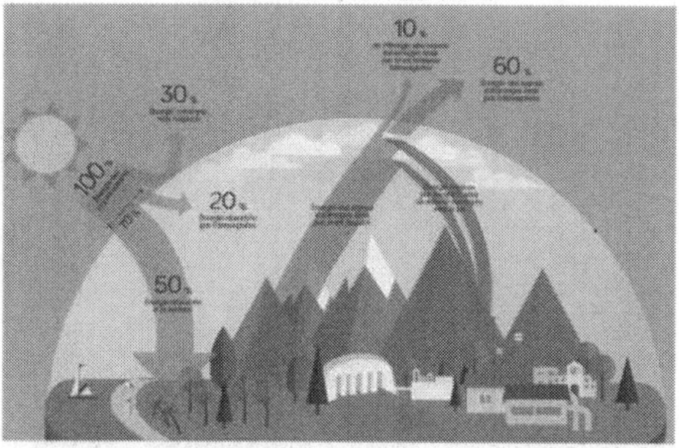

Source : schéma simplifié, CEA

Les principaux gaz à effet de serre contenus naturellement dans l'atmosphère sont la vapeur d'eau (H_2O) que l'on retrouve notamment sous forme de nuage et le dioxyde de carbone ou gaz carbonique (CO_2). A ces gaz s'ajoutent notamment le méthane (CH_4) dont la source naturelle provient notamment de la décomposition de micro-organismes en l'absence d'oxygène et des animaux dont la digestion repose sur la fermentation entérique (bovins et autres ruminants), le protoxyde d'azote (N_2O) provenant naturellement des sols et des océans par l'intermédiaire de micro-organismes, et l'ozone (O_3).

Actuellement, la température moyenne de l'atmosphère est de 15°C mais elle serait selon les scientifiques de l'ordre de -18°C si la terre n'avait pas d'atmosphère. L'effet de serre est donc un phénomène fabuleux pour le développement de la vie telle que nous la connaissons. A l'instar du changement de faune et de flore que nous pouvons observer au fur et à mesure que nous montons en altitude, il apparaît évident que la variation de l'équilibre de ce mécanisme a un impact direct sur les conditions de vie sur terre comme cela a été le cas depuis l'apparition de la vie sur terre.

Il est intéressant de rappeler qu'à l'origine de la terre, la concentration de gaz carbonique était importante dans l'atmosphère (jusqu'à plus de 25%) pour ne plus représenter actuellement qu'environ 0,04% de l'air. Cette évolution est liée initialement à l'absorption du carbone (C) contenu dans la CO_2 par des cyanobactéries (ou algues bleues bien que cela ne soit pas des algues) et le plancton des océans (ensemble des organismes végétaux vivants en suspension dans l'eau) pour leur croissance. Dès lors, l'atmosphère n'a cessé de réduire sa concentration en CO_2 et de s'enrichir en dioxygène (le dioxygène, O_2, a permis de former la couche d'ozone, O_3, qui nous protège des rayons ultra-violets du soleil qui sont dangereux pour les organismes vivants) ce qui a permis de créer des conditions propices au développement du monde végétal, les plantes utilisant aussi le carbone pour leur croissance, et au monde animal à la surface de la Terre

Malgré le processus naturel de l'évolution de la Terre, l'augmentation des concentrations atmosphériques des différents gaz à effet de serre au cours de 250 dernières années est selon le GIEC largement imputable aux activités humaines. Conséquence de la révolution industrielle reposant sur l'utilisation de l'énergie issue des énergies fossiles et de l'accroissement de la population, les émissions de gaz à effet de serre liées aux activités humaines ont largement augmenté entre 1970 et 2000 et leur croissance a même encore accélérée depuis cette date avec un impact direct sur le pouvoir radiatif de l'effet de serre, donc sur le réchauffement de l'atmosphère et donc sur le climat.

En 2010, les émissions de gaz à effet de serre issues des activités humaines provenaient ainsi pour 76% du gaz carbonique (CO_2), pour 16% du méthane (CH_4), 6% du protoxyde d'azote (N_2O) et 2% des gaz fluorés.

En équivalent CO_2 (chaque gaz n'a pas le même pouvoir radiatif), le niveau de concentration dans l'atmosphère a dépassé durablement depuis 2015 les 400 ppm (parties par million, c'est-à-dire dans le cas présent le nombre de molécules du gaz à effet de serre par million de molécules d'air) alors qu'il était de l'ordre de 300-325ppm en 1960 et de l'ordre de 280ppm à l'épode pré-industrielle !

En raison de la durée de vie importante de certains gaz à effet de serre dans l'atmosphère (jusqu'à 100 ans pour le protoxyde d'azote ; concernant le CO2, 15 à 40% de l'émission de ce gaz subsistent encore dans l'atmosphère au bout de 1 000 ans), l'inertie sur le changement climatique est extrêmement importante. Ainsi, selon le GIEC, même si nous stoppions aujourd'hui les émissions de gaz à effet de serre liés aux activités humaines, la concentration de ces derniers ne diminuerait que très lentement. Ainsi selon les experts, « la concentration du méthane prendrait environ 50 ans pour revenir aux niveaux de l'ère préindustrielle, les concentrations de N2O prendraient quant à elles plusieurs siècles et quant au CO2, il ne reviendrait pour ainsi dire jamais au niveau préindustriel, à des échelles de temps pertinentes pour notre société » [1].

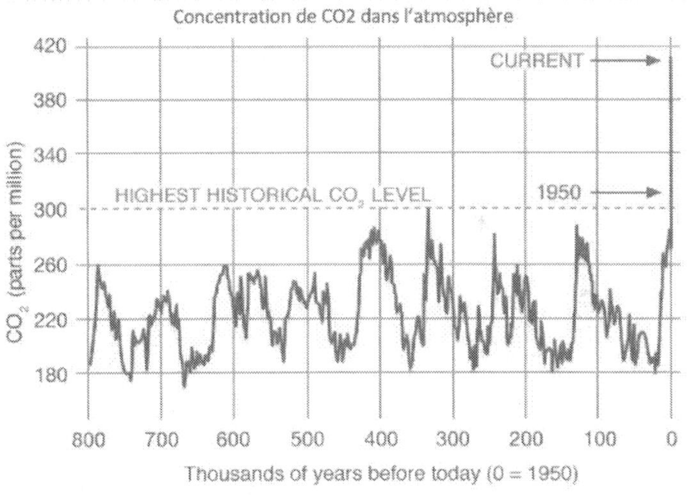

Source : NOAA

À l'heure actuelle, si nous maintenions simplement constant le niveau de concentration des gaz à effet de serre,

1. http://leclimatchange.fr/attenuations-des-changements/CHANGEMENTS CLIMATIQUES 2013 Les éléments scientifiques Résumé à l'intention des décideurs, Résumé technique et Foire aux questionsPage 171

la surface de la terre continuerait de se réchauffer de 0,6°C au cours du 21e siècle par rapport aux données de l'an 2000. Tout comme une faible variation du corps humain nous met dans un état fiévreux qui n'est pas tenable, un faible réchauffement climatique, de surcroit opéré de manière très rapide à l'échelle de la terre, bouleverse les équilibres

Il est donc plus qu'urgent d'agir.

Lors de la COP21 en décembre 2015, les gouvernements se sont mis d'accord pour limiter l'impact de la hausse des températures à 1,5°C d'ici 2100 (sur la base d'un taux de concentration d'équivalent CO2 de 450 ppm) ce qui n'est déjà pas sans conséquences, dont nombreuses sont imprévisibles, sur l'ensemble de l'écosystème et donc sur nos vies. Il convient de surcroit de souligner que cet objectif est loin d'être acquis et plus le temps passe, plus nous nous acheminons vers des températures plus élevées.

Les conséquences du dérèglement climatique sont en effet déjà visibles aux quatre coins de la planète, lesquelles ne sont vouées qu'à s'accentuer d'ici la fin du siècle en lien avec l'intensité du réchauffement climatique.

Ceci se traduit notamment par une perturbation du cycle de l'eau avec d'un côté un appauvrissement des ressources en eaux potables ou pour les cultures dans certaines régions et d'autre coté une augmentation de la fréquence et de l'intensité des inondations ou des ouragans dans d'autres régions par exemple. Ceci pose clairement des problèmes de subsistance pour certaines populations mais également de sécurité alimentaire dans certaines régions dans la mesure où le rendement des récoltes est dépendant du cycle de l'eau tout comme la stabilité des prix des denrées agricoles. L'élévation des eaux des mers et océans liée à la fonte de la banquise accentue l'érosion des côtes et menace aussi directement les populations insulaires de faible altitude. Il va sans dire que les risques de déplacement des populations, les risques sanitaires et de conflits ne sont pas voués à se réduire. Le changement climatique bouleverse également d'ores et déjà les écosystèmes terrestres et marins augmentant ainsi les déplacements migratoires et le risque de disparition de nombreuses espèces végétales et animales. Ces différents éléments seront développés dans les autres chapitres du livre.

Mais alors, quel est le rapport entre le changement climatique et ce que je mange ?

Sur l'ensemble des émissions de gaz à effet de serre liés aux activités humaines, il est estimé que l'agriculture représente près de 25% du total. Précisément, le secteur agriculture intègre la culture des sols et l'élevage mais également la foresterie et le changement d'affectation des terres, lequel a des conséquences sur les flux de gaz à effet de serre. À cela s'ajoutent les émissions liées à la transformation, l'emballage le stockage (réfrigération) et le transport des marchandises, activités qui utilisent de l'énergie.

Si nous manquons de données liées à la transformation et à l'emballage des aliments, les produits agricoles (produits de l'agriculture et de la pêche) et les produits alimentaires (produits transformées et boissons) représentent par exemple respectivement environ 10% et 17% de l'ensemble du transport routier en Europe en sachant que les transports dans leur ensemble sont responsables de 14% du total des émissions de GES.

Certaines études indiquent également que la réfrigération des aliments pèse pour environ 2% du total des émissions de GES [2].

2. 8] Tara Garnett and Tim Jackson, Food Climate Research Network, Centre

Si les émissions des GES liées à l'utilisation des engrais de synthèse, de part les rejets directs et indirects de NO2 qu'ils impliquent, sont comptabilisées dans les émissions totales (elles pèsent pour plus de 10% des émissions agricoles [3]), les gaz à effet de serre liés à la fabrication de ces derniers (production à partir de gaz naturel) ne le sont point.

Au total, le poids de l'alimentation dans l'ensemble des émissions de GES est donc plutôt supérieur à 30%. D'où l'importance et l'impact potentiel de nos choix alimentaires.

Dans la production agricole, les principaux gaz à effet de serre sont le CO2, le méthane et le protoxyde d'azote.

Dans le cycle du carbone, les végétaux absorbent et stockent le CO2 contenu dans l'atmosphère pour leur croissance selon le principe de la photosynthèse. Inversement, la respiration des bactéries et des racines dans le sol, la fermentation animale et végétale et la décomposition de la matière organique par le biais des bactéries et champignons rejettent du CO2 dans l'atmosphère. Si une partie du carbone absorbée est transférée aux animaux et à l'homme qui se nourrissent de végétaux, une autre partie est incorporée dans les sols durant le processus de fabrication de l'humus. L'humus et la biomasse constituent ainsi un réservoir important de carbone et joue un rôle dans la réduction du niveau de concentration de CO2 dans l'atmosphère. Alors que l'agriculture industrielle a pour conséquence de réduire la quantité d'humus contenu dans les sols en raison notamment de la pratique du labour, de la non rotation

for Environmental Strategy, University of SurreyFrost Bitten : an exploration of refrigeration dependence in the UK food chain and its implications for climate policy www.fcrn.org.uk/frcnPubs/publications/PDFs/Frostbitten%20paper.pdf

3. http://www.fao.org/news/story/fr/item/216994/icode/

de culture, de l'utilisation excessive d'engrais et pesticides de synthèse et de la mauvaise gestion de l'élevage (concentration d'animaux a un endroit donné et séparation des lieux d'élevage avec les lieux de cultures notamment), il apparaît que les pratiques agricoles respectueuses de l'environnement qui favorisent la création de matière organique ont un rôle important à jouer dans la lutte contre le changement climatique. À titre d'information, entre 13 000 et 17 000 milliards de tonnes de carbone étaient ainsi stockées selon le GIEC en 1750 (avant l'ère industrielle) dans les sols et la biomasse, contre plus de 140 000 milliards de tonnes pour les océans et entre 3 700 et 7 100 milliards de tonnes sous forme de combustibles fossiles. L'atmosphère quant à elle ne contenait qu'un peu plus de 2 000 milliards de tonnes de carbone contre plus de 3 000 milliards de tonnes de carbone actuellement.

Actuellement, l'agriculture est responsable d'environ la moitié des émissions de méthane dans le monde. Les principales sources de méthane se trouvent chez les animaux d'élevage, en particulier les ruminants, par le biais de la fermentation entérique (décomposition des végétaux pendant la digestion) et de la décomposition des déjections animales. La culture du riz, du fait de la décomposition de la matière organique dans l'eau, produit également des quantités importantes de méthane.

Le rejet de N2O par les sols dans l'atmosphère résulte des transformations de l'azote par des micro-organismes (processus de nitrification et de dénitrification). Ainsi, l'utilisation d'engrais azotés de synthèse augmente fortement les émissions de N2O dans l'atmosphère. L'épandage des effluents d'élevage est également source de rejet de NO2. Selon le CITEPA, l'agriculture est responsable de près de 90% des émissions de ce puissant gaz à effet de serre en France [4].

Compte tenu de ces éléments, il apparait plus qu'évident que le choix de l'affectation des terres et du mode de production agricole, aussi bien au niveau des cultures que de l'élevage, a des conséquences importantes sur les flux de gaz à effet de serre.

Ainsi, la décision de remplacer une forêt ou une prairie par une zone de culture ou d'élevage, le choix du type de culture ou d'élevage et le choix du mode de production ont nécessairement un impact sur le niveau d'émission de différents gaz à effet de serre.

Il est intéressant de noter que l'agriculture et l'élevage sont responsables d'environ la moitié du total des émissions provenant des activités agricoles et la déforestation de 40% du total dont 80% est d'ailleurs lié à la conversion des terres pour la culture [5]. Selon un rapport de l'association WWF (rapport Forêt Vivante 2015) la première cause de déforestation résulte en effet de l'expansion de l'agriculture intensive (devant l'utilisation du bois de chauffage) en particulier concernant la production d'huile de palme, les grands élevages de bétail et la production de soja qui est d'ailleurs utilisée pour nourrir les animaux d'élevage.

Si la forêt en zones tempérées a subi une déforestation massive essentiellement avant le XIXe siècle, une dizaine de régions en zones tropicales sont particulièrement en danger actuellement.

Pourtant, outre son rôle très important dans l'atténuation du réchauffement climatique, la forêt abrite une biodiversité extrêmement riche (la forêt abrite

4. http://www.citepa.org/fr/air-et-climat/polluants/effet-de-serre/protoxyde-d-azote-n2o

5. http://www.unep.org/resourceefficiency/Home/Business/SectoralActivities/Agriculture Food/tabid/78943/Default.aspx

environ 50% de la biodiversité terrestre mondiale ; sur 10 espèces d'animaux et de plantes terrestres, 9 vivent dans la forêt[6]) et est aussi une source d'humus fabuleuse qui peut être utilisé à enrichir les sols.

Désormais, les forêts couvrent environ 30% des terres émergées (4 milliards d'hectares) contre 45% (6 milliards d'hectares) il y a environ 10 000 ans. En Europe en particulier, les forêts recouvraient environ 80% des terres sur le continent contre un peu plus de 30% actuellement. Si la surface forestière augmente de nouveau ces dernières années en Europe (près d'1 million d'hectares par an ; il convient de noter que nous sommes loin de retrouver l'état des forêts primaires), le rythme de déforestation à l'échelle de la planète est important puisque chaque année entre 13 et 15 millions d'hectares de forêt disparaissent sous nos yeux[7].

La surface d'un terrain de football de forêt disparait ainsi chaque seconde alors qu'il faut 700 ans pour récréer une forêt primaire... La genèse d'une forêt tropicale, qui implique une symbiose parfaite et magique entre les différents végétaux et les animaux, a notamment été magnifiquement expliquée dans le film « *Il Etait Une Forêt* » réalisé par Luc Jaquet d'après une idée du botaniste/biologiste et amoureux de la nature Francis Hallé. Un film, que j'encourage chaque lecteur à visionner et à montrer à ses enfants. C'est d'ailleurs clairement un documentaire à diffuser dans toutes les écoles !

Depuis l'après-guerre, la consommation de viande par habitant a considérablement augmenté à l'échelle mondiale. Ainsi, elle est passée d'un peu plus de 60kg par an dans les années 60 à plus de 80kg par an en 2005 dans

6. source wwf le boum du soja p 28

7. La situation des forets du monde 2012 FAO http://fr.worldstat.info/World/Land http://www.fao.org/news/story/fr/item/216994/icode/

les pays développés et d'un peu plus de 10kg par an à plus de 30kg par an dans les pays en voie de développement [8].

En France, la consommation annuelle d'un habitant était en 2015 de plus de 85kg après avoir atteint un pic de près de 95kg par an en 1998 [9].

Si l'homme a besoin de protéines qui procurent des acides aminés essentiels nécessaires au bon fonctionnement du métabolisme (ceux qui ne peuvent pas être synthétisés par l'organisme), ces derniers peuvent très bien être apportés par le biais de protéines d'origine végétale dont l'impact en matière d'émission de gaz à effet de serre est très largement inférieur.

Ainsi,

– Selon les espèces animales, il faut entre 2 et 15kg de protéines végétales pour produire 1kg de protéine animale [10]

– Au niveau des terres, un rapport du WWF indiquait qu'il fallait plus de 300m² pour produire 1 kg de bœuf contre moins de 20m² pour 1 kg de pates et 6m² pour 1kg de légumes/pommes de terres [11].

– Selon l'ADEME (données Agribalyse Documentation des facteurs d'émissions de la Base Carbone), 1kg de viandes bovines engendre 13kg de CO2 soit presque l'équivalent de 100km en voiture ! En comparaison, la production d'1kg de blé génère 0.4/0.6kg de CO2 et 1kg de carottes génère 0,06kg de CO2.

– L'association végétarienne belge EVA estime que le fait de ne pas manger de viande d'élevage seulement un jour

8. (source FAO LA SITUATION MONDIALE DE L'ALIMENTATION ET DE L'AGRICULTURE 2009 le point sur l'élevage et FAO 2003)

9. France Agrimer http://www.lemonde.fr/planete/article/2015/10/26/les-francais-ont-de-moins-en-moins-d-appetit-pour-la-viande_4797354_3244.html 10

10. (source AREHN http://www.arehn.asso.fr/dossiers/proteines/ et APASARes + http://www.viande.info/elevage-viande-sous-alimentation)

11. (http://www.viande.info/elevage-viande-sous-alimentation)

par semaine équivaut à une économie de 170 kg de CO2 par personne et par an.

Au global, le secteur de l'élevage représenterait environ 60% de l'ensemble des émissions de GES du secteur de l'agriculture en raison notamment de la fermentation entérique, des déjections animales laissées dans les prairies ou épandues sur les terres, de l'application d'engrais de synthèse et de la déforestation induite pour la culture d'aliments pour le bétail [12].

En prenant en compte également le transport et la transformation de la viande, la FOA estime que les émissions de GES lié à l'élevage représentent au total 14,5% de l'ensemble des émissions de gaz à effet de serre, soit plus que l'ensemble du secteur des transports !

Il est important de savoir que l'élevage intensif en Europe par exemple est également responsable de la déforestation des zones tropicales dont la moitié de la surface a disparu durant le siècle dernier. Mais comment est-ce possible me direz-vous ?

La réponse se trouve en fait en partie dans le développement de l'élevage pour répondre à notre consommation de viande et de produits laitiers. Si les surfaces nécessaires à l'élevage du bétail sont prises sur la forêt, le phénomène de déforestation est accentué par l'accroissement des surfaces dédiées à la culture des céréales et d'oléagineux pour nourrir le bétail. En effet, il faut environ entre 2kg et 10kg de protéines végétales pour faire 1kg de protéines animales. En particulier, la surface occupée par la culture de soja dans le monde représente ainsi actuellement plus de 100 millions d'hectares (soit plus que la surface de la France de 67,5 millions d'hectares) contre moins de 30 millions d'hectares (source WWF, FAO)

12. http://www.ipcc-nggip.iges.or.jp/public/2006gl/french/vol4.html

en 1970. Soulignons également que près de 80% de la production de soja est issue de culture d'OGM avec des dommages encore plus importants sur l'environnement et des répercussions importantes pour l'agriculteur qui doit désormais acheter ses semences chaque année ainsi que les pesticides qui vont bien fournis généralement par la même entreprise.

Le soja, qui produit le plus de protéines à l'hectare, est en effet utilisé sous forme de tourteaux, résidus solides issus de l'extraction de l'huile des graines, pour nourrir principalement la volaille et le porc mais également les bœufs. Selon un rapport du WWF [13], il faut produire plus de 570g de soja pour faire un kilo de poulet, plus de 270g pour un kilo de viande porcine et plus de 170g pour un kilo de viande de bœuf. Sur les 50 dernières années, la production annuelle de soja est ainsi passée de 27 millions de tonnes à plus de 300 millions de tonnes actuellement dont près de 95% est produite dans seulement 6 pays à savoir le Brésil, les Etats-Unis, l'Argentine, la Chine, l'Inde et le Paraguay [14]. Au global, près de 75% de la production mondiale de soja est destinée à l'alimentation des animaux.

Oui, me direz-vous, mais moi je ne me sens pas concerné par la déforestation car j'achète ma viande provenant de fermes françaises.

Et bien sachez que l'Union Européenne par exemple n'est pas auto-suffisante en matière de soja et importe ainsi chaque année plus de 35 millions de tonnes de soja contre une production de seulement 2 millions de tonnes. Au global, il est ainsi estimé que les pays de l'Union Européenne importent 70% des protéines nécessaires à l'alimentation des animaux élevés sur son sol et à plus de

13. (le boum du soja)
14. (https://apps.fas.usda.gov/psdonline/circulars/production.pdf)

90% en ce qui concerne les protéines de soja [15]. La France ne fait pas non plus partie des bons élèves car le pays est le 2e plus important importateur de soja de l'Union Européenne. A présent les plus importants importateurs de soja, les principaux responsables de la déforestation de la forêt tropicale sont donc les consommateurs chinois et européens de viande issue de l'agriculture intensive. Ainsi, lorsque que vous, européens, achetez un poulet de 2kg issu de l'agriculture intensive, sachez qu'il a fallu environ $4m^2$ de forêt tropicale uniquement pour la culture du soja nécessaire à la nourriture de l'animal. De même, une vingtaine de tranches de jambon correspondent à $1m^2$ de forêt tropicale, et 5 steaks de bœuf, environ ½ m^2 de forêt tropicale. Ces chiffres sont évidemment bien plus élevés si l'on prend en compte la surface utilisée pour l'élevage du bétail (rien qu'en Amazonie, il est estimé que le bétail occupe environ 80% de la surface déboisée [16]), il est ainsi estimé que l'ensemble des importations de cultures et de bétail de l'Union Européenne sur la période 1990-2008 sont responsables de la déforestation (essentiellement de forêts tropicales) de près de 9 millions d'hectares, soit l'équivalent de 2 fois la surface de la Suisse, dont près des 2/3 sont liés à l'élevage.

Le second élément de réponse vient de la consommation de produits contenant de l'huile de palme issue de l'agriculture intensive. Bon marché, l'huile de palme est en effet utilisée pour 80% dans l'alimentation (biscuits, gâteaux apéritifs, chips, brioches, produits à base de chocolat, margarine...), le solde par l'industrie de la cosmétique (savons notamment) et les agrocarburants.

15. http://www.fern.org/sites/fern.org/files/Fern%20CAP%20FULL%20REPORT%20FINAL.pdf page 25 et 26 https://www.usda.gov/oce/commodity/wasde/latest.pdf)

16. (source Le massacre de l'Amazonie Greenpeace). Selon une étude (http://www.fern.org/sites/fern.org/files/Fern%20CAP%20FULL%20REPORT%20FINAL.pdf)

Actuellement plus de 50 millions de tonnes d'huile de palme sont produites chaque année (sur plus de 15 millions d'hectares environ) dont plus de 85% en Indonésie et en Malaisie et il est estimé que près de 20% de la déforestation dans ces 2 pays est liée au remplacement de la forêt tropicale par des palmiers à huile. Les autres principaux pays producteurs sont le Nigéria, la Thaïlande et la Colombie.

Toute l'huile de palme utilisée dans les produits fabriqués en Europe est donc importée. Par ailleurs, seulement 20% de la production mondiale d'huile de palme depuis 2004 [17] est certifiée durable (c'est-à-dire censée respecter la forêt primaire et les tourbières). Certaines associations [18] ont toutefois montré que la certification n'empêchait malheureusement pas dans certain cas la déforestation.

Elément peu connu du grand public, la culture du riz est également responsable de l'ordre de 10% des émissions de GES lié à l'agriculture en tant que tel et représente donc environ 6,5% des émissions de l'ensemble du secteur en intégrant la déforestation. Pourquoi? S'il existe plusieurs techniques de production du riz, la culture irriguée ou inondée est pratiquée dans la grande majorité des cas. Or ce mode de culture s'accompagne de l'émission de méthane (CH4) qui est comme nous l'avons vu un puissant gaz à effet de serre.

Concernant la problématique des émissions des GES liées aux aliments, notre régime alimentaire (végétarien ou plus ou moins carnivore), le type d'aliments que nous

17. (source http://www.rspo.org/about)

18. (« Les amis de la terre » http://www.amisdelaterre.org/Arnaque-a-l-huile-de-palme-durable.html) huile de palme de la déforestation à la nécessaire durabilité wwf 2011Huile de palme http://www.wwf.fr/nos_priorites/conserver_les_ecosystemes/preserver_les_ forets_tropicales /huile_de_palme_durable_/

choisissons au sein de ce régime, le système de production alimentaire par lequel est produit un aliment (culture intensive, bio ou issu de la permaculture), le fait de consommer un aliment produit localement ou non et le fait de respecter le cycle de saison des fruits et légumes prend donc toute son importance.

Il serait grand temps d'en prendre conscience, sans culpabiliser mais en agissant en tant qu'être responsable.

Réduire fortement sa consommation de viande voire adopter un régime végétarien, est clairement la manière la plus efficace de réduire la quantité d'émission de GES provenant de son alimentation.

En effet, la production d'un 1kg de viande bœuf par exemple émet selon différentes études entre 6kg et 40kg d'équivalent CO2 alors que la culture d'1kg de légumes, fruits ou légumineuses n'émet environ qu'1kg équivalent CO2.

En raisonnant à l'échelle d'un repas complet, différentes études montrent ainsi qu'un régime végétarien permet de réduire d'environ 60% les émissions de GES par rapport à un repas à base de viande.

Le mode de production des aliments est également important. De par l'utilisation d'engrais de synthèse et de pesticides, l'utilisation de tracteurs fonctionnant au pétrole, le labourage des sols, de la déforestation induite, il apparaît évident que les produits issus de l'agriculture conventionnelle/intensive qui arrivent sur nos étalages ont une empreinte carbone plus importante que des produits issus de l'agriculture biologique, de l'agroécologie ou de la permaculture. Ces différents modes de production sont présentés en détail au chapitre traitant de l'agriculture de demain.

Selon différentes études, les aliments issus de

l'agriculture biologique permettraient ainsi de réduire de 30% les émissions de GES par rapport à l'agriculture conventionnelle.

Respecter le rythme des saisons des fruits et légumes est important car cela a un impact environnemental bien moindre que des aliments cultivés dans des serres chauffées aux énergies fossiles. Cela va de sens et c'est en n'achetant plus de produits hors saisons que nous pouvons un jour avoir l'espoir de ne plus voir tel ou tel fruit de printemps en plein mois de janvier sur les étalages. Les émissions de GES de produits provenant de serres peuvent ainsi être entre 3 et 15 fois supérieures à un produit cultivé traditionnellement. Quelle tristesse en effet que de voir des personnes acheter des fraises à la fin de l'hiver, cultivées sous serres chauffées, sans oublier bien sûr de rajouter plein de sucre tellement ces dernières sont insipides. Pour le fondant et le goût, il faudra dans tous les cas attendre les mois de mai-juin en France selon les variétés.

Acheter des aliments produits localement permet également de réduire, parfois très sensiblement, les émissions de GES liées au transport alors qu'un produit exotique importé par exemple aura une empreinte carbone importante.

Le degré de transformation du produit, son emballage, son mode de distribution (marchés vs. chaines réfrigérées de magasins) sont également à prendre en compte.

Tous ces éléments montrent bien l'impact que peut avoir chaque individu, à travers ses achats et choix alimentaires au quotidien sur l'environnement en limitant plus ou moins l'émission de GES.

Tableau de synthèse

	Agriculture, élevage et pêche conventionnels	Agriculture, élevage et pêche durables,
Changement climatique	L'agriculture est responsable d'environ 25% des émissions de GES liés aux activités humaines. En incluant l'incidence de la réfrigération et la production d'engrais et pesticides de synthèse, le poids de l'alimentation dans l'ensemble des émissions de GES atteint plus 30%. L'élevage représente environ 60% de l'ensemble des émissions de GES de l'agriculture.	
	Les émissions de GES sont accrues par : - La fabrication à partir d'énergie fossile et l'utilisation d'engrais et des pesticides de synthèse - La dégradation des sols induite par l'utilisation d'engrais et le labour profond qui réduisent la capacité du sol à stocker le CO2. - La déforestation générée par la culture de céréales afin nourrir les animaux en utilisant des parcelles de forêts dans les zones tropicales notamment - le non-respect des saisons, l'utilisation de serres chauffées à partir d'énergies fossiles	Les émissions de GES sont réduites par rapport à l'agriculture conventionnelle en raison notamment de : - la non-utilisation d'engrais et pesticides de synthèse - l'utilisation de nourriture ne favorisant pas la déforestation dans les zones tropicales - un moindre recours, voire une absence, aux engins mécanisés fonctionnant à l'énergie fossile - un meilleur stockage du CO2 dans les sols du fait de la plus grande teneur en humus - un meilleur respect du rythme des saisons
Déforestation	Les forêts ne couvrent qu'environ 30% des terres émergées (4 milliards d'hectare) contre 45% (6 milliards d'hectares) il y a environ 10000 ans. Le rythme de déforestation est important puisque chaque année entre 13 et 15 millions d'hectares de forêt disparaissent sous nos yeux. La surface d'un terrain de football de forêt disparait ainsi chaque seconde alors qu'il faut 700 ans pour récréer une forêt primaire.	
	Les grands élevages de bétail, la production de soja utilisé pour nourrir le bétail et la production de manière intensive d'huile de palme sont une des principales causes de la déforestation	La forêt qui fait intégralement partie du mode de culture durable n'est pas affectée avec ces pratiques

20 idées pour agir au quotidien

Idée n°1 : j'augmente ma part de produits cultivés localement

Consommer des produits issus d'une filière durable est une excellence chose sur de nombreux plans, mais acheter des produits biologiques de manière locale est encore mieux car cela permet de réduire, parfois très sensiblement les émissions de gaz à effet de serre liées au transport de ces derniers. Disposer un potager ou un verger est un must mais pour ceux qui n'ont pas cette chance, il est en tout cas désormais possible de trouver en quelques clics les producteurs bio à côté de chez soi qui proposent des ventes en direct. Si vous ne pouvez ou si cela ne vous arrange pas de vous déplacer, une alternative peut être d'adhérer à une AMAP dont les partenaires assurent la distribution des produits près de chez vous. Une AMAP est en effet une Association pour le Maintien d'une Agriculture Paysanne où le consommateur peut commander de manière périodique (une fois par semaine par exemple) des paniers constitués de fruits et légumes de saisons (voire de viande). Le point de livraison peut être un magasin spécialisé, une cour d'immeuble ou une maison de quartier où l'heure est définie pour convenir au plus grand nombre. Notez que l'absence d'intermédiaire permet de bénéficier de tarifs compétitifs tout en assurant un revenu décent pour le producteur. Pour trouver votre AMAP près de chez vous parmi les plus de 2000 en France, consultez le site www.reseau-amap.org

Il est également judicieux de se renseigner auprès de vos magasins de proximité dont certains se donnent comme priorité de travailler avec des producteurs situés dans un rayon inférieur à un certain nombre de kilomètres. Enfin, jeter un œil aux étiquettes où il peut être indiqué que la matière première agricole a été produit en France par exemple, en Union Européenne (« Agriculture UE ») ou non (« Agriculture non UE ») ou les deux (« Agriculture UE/non UE »).

Idée n°2 : je respecte les saisons

Peut-être vous aussi avez-vous un pincement au cœur ou ressentez-vous un profond sentiment d'incompréhension) lorsque vous voyez sur les étalages des fraises dès le mois de janvier. En plus d'être insipides, ces fraises d'hiver produites sous serres chauffées nécessitent en effet jusqu'à 20 fois plus d'énergie pour être cultivées que celles cultivées durant la saison adaptée. D'une manière générale, les émissions de gaz à effet de serre de produits cultivées sous serres chauffées sont 3 à 15 fois supérieures à celles d'un produit cultivé traditionnellement. Consommer des produits de saison permet de respecter les cycles de la terre, donc du temps de régénération et de de ne pas émettre des quantités importantes, et inutiles, d'émissions de gaz à effet de serre. La plus grande quantité de soleil et de chaleur reçu en été par cette fraise, cet abricot ou cette tomate par exemple permet également d'en améliorer les qualités gustatives.

Il est judicieux d'afficher dans sa cuisine par exemple un calendrier des saisons des fruits et des légumes et d'acheter ainsi en connaissance de cause lorsqu'on se balade au marché ou dans les rayons des magasins.

Calendrier des saisons (varie selon les régions)

Janvier	Betterave, Brocoli, Carotte, Céleri, Chou, Chou de Bruxelles, Chou-fleur, Citron, Clémentine, Endive, Kiwi, Mâche, Mandarine, Navet, Oignon, Orange, Panais, Poireau, Pomme, Pomme de terre, Poire, Potiron, Topinambour

[illegible]	[illegible]
[illegible]	[illegible]
[illegible]	[illegible]
[illegible]	[illegible]
[illegible]	[illegible]

Août	Abricot, Artichaut, Aubergine, Champignons de Paris, Concombre, Courgette, Fraise, Haricot, Melon, Oignon, Pastèque, Pêche, Poivron, Pomme de terre, Salade, Tomates
Septembre	Abricot, Artichaut, Aubergine, Carotte, Champignons de Paris, Concombre, Chou, Courgette, Fraise, Haricot, Melon, Oignon, Pastèque, Pêche, Poivron, Raisin, Salade, Tomates
Octobre	Brocoli, Carotte, Céleri, Champignons de Paris, Chou, Courge et Potiron, Courgette, Haricot, Kiwi, Oignon, Pomme, Raisin, Salade, Tomates
Novembre	Brocoli, Carotte, Céleri, Champignons de Paris, Châtaigne, Chou, Courge et Potiron, Courgette, Kiwi, Oignon, Orange, Pomme, Raisin, Salade,
Décembre	Brocoli, Carotte, Céleri, Champignons de Paris, Châtaigne, Chou, Courge et Potiron, Kiwi, Oignon, Orange, Pomme, Salade,

CHOIX ALIMENTAIRES ET BIODIVERSITE

Selon les Nations Unies, la biodiversité, ou diversité biologique, désigne « toutes les formes de vie sur terre et les caractéristiques naturelles qu'elle présente ».

A cette définition j'aurai tendance à rajouter que la biodiversité est source de bien être pour chacun de nous et procure à l'homme un perpétuel émerveillement qui nourrit son âme.

Il a fallu attendre le sommet de la terre en 1992 à Rio pour que soit signée la Convention sur la Diversité Biologique, Biodiversité. Ce traité international avait 3 objectifs principaux :

- la conservation de la diversité biologique
- l'utilisation durable de la diversité biologique
- le partage juste et équitable des avantages découlant de l'utilisation des ressources génétiques

A cette occasion, le traité définit plus précisément la biodiversité comme « la variabilité des organismes vivants de toute origine y compris, entre autres, les écosystèmes terrestres, marins et autres écosystèmes aquatiques et les complexes écologiques dont ils font partie ; cela comprend la diversité au sein des espèces et entre espèces ainsi que celle des écosystèmes » [1].

La biodiversité s'explique ainsi en termes de différences entre les êtres vivants regroupant les plantes, les animaux, les champignons et autre micro-organismes et l'homme bien évidemment (les éléments du monde minéral ne sont pas considérés comme vivants mais inanimés et se distinguent entre autres pas le fait qu'ils ne se reproduisent pas).

Elle s'explique également par les différences au sein de chaque espèce lesquelles sont liées aux variations génétiques qui donnent un caractère unique à chaque être vivant. Ainsi, sur les quelques 7 milliards d'êtres humains sur terre, chacun dispose d'un bagage génétique qui lui est propre auquel s'ajoute des pensées et émotions qui évoluent à l'infini.

Enfin, la biodiversité regroupe les différents écosystèmes définis comme un « complexe dynamique formé de communautés de plantes, d'animaux et de micro-organismes et de leur environnement non vivant qui par leur interaction, forment une unité fonctionnelle ». Comme type d'habitats, nous pouvons citer les zones tempérées ou humides, les forêts tropicales, les déserts, les rivières, les océans, les montagnes où l'ensemble des êtres vivants interagissent entre eux et avec le monde minéral qui les entoure.

Cette biodiversité, qui est la résultante d'une évolution basée sur la coopération entre les espèces pendant des milliards d'années, a de multiples rôles que ce soit au niveau de l'alimentation, de la santé et de toutes nos activités. Elle est à la source du fabuleux équilibre de notre planète et est indispensable à la survie, au développement et au bien-être de l'homme. Elle constitue une véritable

1. Source Convention sur la biodiversité biologique

source d'émerveillement permettant également de nourrir son âme. Nicolas Hulot a ainsi bien raison en disant que « l'émerveillement est un premier pas vers le respect ».

Si la vie a démarré à partir d'une cellule unique, le nombre d'espèces actuellement sur Terre se chiffre en millions. Selon les scientifiques, la Terre abriterait entre 3 et 100 millions d'espèces mais dont seulement moins de 2 millions seraient identifiées. Une étude récente[2] parle de 8,7 millions d'espèces (fourchette de 7,4 à 10 millions) présentes sur notre planète dont environ les ¾ vivant sur terre et ¼ dans les mers et océans[3].

Près de 8 millions d'espèces d'animaux (dont la grande majorité est constituée d'insectes)
Près de 300 000 d'espèces de plantes
Plus de 600 000 espèces de champignons
Plus 35 000 espèces d'organismes unicellulaires
Plus de 25 000 espèces de chromistes (algues...)

L'évolution n'a cependant pas été un long fleuve tranquille pour les espèces. Ainsi, 99% des espèces qui sont apparues sur la planète ont disparu de manière naturelle et la vie sur Terre a déjà connu des périodes d'extinctions importantes dont il a fallu des millions d'années à la nature pour se restaurer. La réduction de la biodiversité que l'on connait actuellement est cependant différente que ce que la Terre a connu par le passé pour 2 raisons. Tout d'abord sa responsabilité est surtout imputable à l'homme et non pas lié à des catastrophes physiques comme par le passé. Ensuite, elle est susceptible d'entrainer des extinctions de masse dans un laps de temps très court. On parle de seulement quelques décennies ! "Respecter la nature, c'est

2. (Camilo Mora de l'Université de Hawai)

3. Mora C, Tittensor DP, Adl S, Simpson AGB, Worm B (2011), How Many Species Are There on Earth and in the Ocean ? – PLoS Biol 9(8)

préserver l'avenir de l'homme. L'homme est un animal qui a trahi, l'Histoire est sa sanction ", avertissait ainsi le philosophe Emil Cioran.

Chaque chose étant interdépendante, l'extinction d'une espèce a en effet des répercussions fortes pouvant entrainer la disparition d'autres espèces en cascades et par conséquence des écosystèmes entiers. Il est triste et incroyable que l'homme, faisant partie intégrante du monde du vivant, et les sociétés qu'il a bâties puissent encore se sentir dissociés de la nature. L'homme a des origines communes avec l'ensemble de la biodiversité et son destin n'est est que d'autant plus liée à cette dernière. Clairement, la menace qui pèse actuellement sur la nature est une des menaces les plus importantes pour le bien-être de l'homme et l'avenir de l'humanité.

« Abandonnons immédiatement la notion selon laquelle il suffit de conserver une petite portion de la nature originelle, quelque part, et que l'on peut faire ce que l'on veut du reste de la planète. C'est une notion fausse et extrêmement dangereuse » rappelle justement le biologiste Edward Osborne Wilson

Gardons à l'esprit que plus de 85% des espèces nous sont encore inconnues et que toute perte d'une d'entre elle constitue un véritable gâchis. Chaque espèce est en effet un maillon dans la chaine des êtres vivants ayant chacune de multiples relations complexes qui les rendent entièrement interdépendantes. Edward Osborne Wilson indiquait à ce propos que « chaque espèce est une bibliothèque d'informations acquises par l'évolution sur des centaines de milliers, voire des millions d'années. Ce sont des bibliothèques entières que nous brûlons [...] nous n'avons aucune idée de la valeur pour l'humanité de ce que nous perdons en termes d'information. [4]»

Selon les experts, le taux d'extinction des espèces est actuellement plus élevé (entre 8 et 100 fois selon les estimations [5]) que pendant la période avant l'apparition de l'homme. Cette réduction de biodiversité pourrait même s'accélérer et des études indiquent qu'une extinction de masse est en cours, la 6e dans l'histoire de la terre dont l'origine remonte à près de 4,5 milliards d'années. « Si le rythme d'extinction actuellement élevé se poursuit, les humains seront bientôt (dans seulement l'espace de temps de trois générations) privés de nombreux avantages pour la biodiversité. Sur les échelles de temps humaines, cette perte serait effectivement permanente à la suite des extinctions de masse passées, le monde vivant ayant pris des centaines de milliers à des millions d'années pour se rediversifier [6]», alertaient récemment un groupe de scientifiques.

4. http://www.larecherche.fr/savoirs/dossier/edward-o-wilson-enjeu-ecologique-ndeg-1-01-07-2000-69160

5. Source Accelerated modern human–induced species losses : Entering the sixth mass extinction)

6. (traduit de l'anglais If the currently elevated extinction pace is allowed to continue, humans will soon (in as little as three human lifetimes) be deprived of many biodiversity benefits. On human time scales, this losswould be effectively permanent because in the aftermath of past mass extinctions, the living world took hundreds of thousands to millions of years to rediversify)

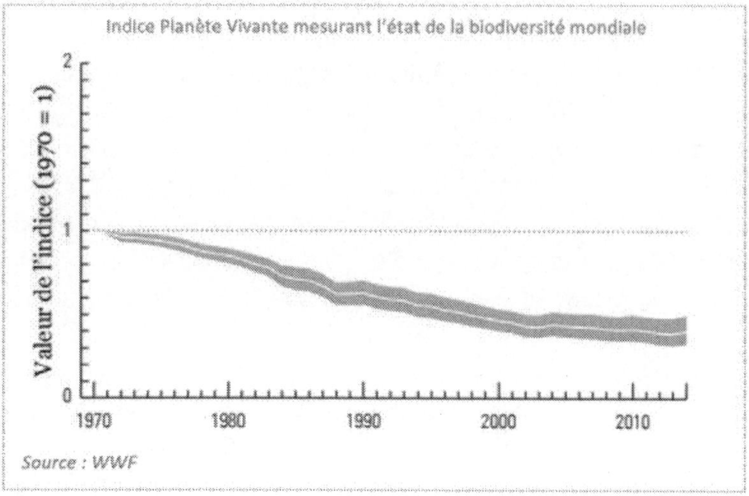

Les exemples de réduction de biodiversité allant jusqu'à l'extinction d'espèces sont malheureusement nombreux. Ainsi, si la population humaine ne cesse d'augmenter, les populations d'espèces de mammifères, d'oiseaux, de reptiles, d'amphibiens et de poissons sont actuellement environ moitié moins nombreuses qu'il y a 40 ans [7]. Dans les eaux douces, les populations sont mêmes en baisse de plus de 70% !

De même, selon l'UICN, sur les quelques 80 000 espèces étudiées, près de 30% de celles-ci sont menacés et nous pouvons malheureusement compter par milliers les espèces menacées d'extinction.

Si la pression démographique et l'urbanisation ont des conséquences directes sur la biodiversité, les pratiques agricoles, d'élevage et de pêche ainsi que les denrées cultivées ont également un rôle très important sur le développement ou la réduction de la biodiversité. Les

7. (Rapport Planete Vivante)

pâturages et les cultures représentent en effet près de 40% de la surface émergé et la planète [8].

Outre les surfaces en constante augmentation occupées par l'agriculture, les pratiques agricoles influencent également la faune et la flore du lieu d'exploitation, les paysages et l'habitat, la structure des sols, la qualité des eaux, les pollinisateurs, le rythme de propagation des maladies et nuisibles ainsi que climat qui sont eux même en lien direct avec la biodiversité.

Et l'on peut dire à ce niveau que consommer un produit issu de l'agriculture conventionnelle a des effets opposés au niveau de la biodiversité qu'un produit obtenu selon les techniques de l'agriculture biologie, de permaculture ou d'agroécologie. L'un réduisant la biodiversité, l'autre la favorisant.

En agriculture conventionnelle, l'objectif est notamment de cultiver une seule espèce, un type de blé par exemple, sur une grande surface, ce qui, notons-le au passage, est contraire à ce que nous pouvons observer dans la nature. Ceci éloigne notamment les différents types d'habitats (forêts, haies, bosquets, prairies...) et réduit ainsi la connectivité entre eux. La taille de ces habitats est également bien souvent réduite alors qu'il existe une corrélation directe entre la taille d'un écosystème et le nombre d'espèces. En effet, si une multiplication par dix d'une surface d'un habitat donné permet généralement un doublement du nombre d'espèce, la réduction par 10 de la taille de cet habitat s'accompagne d'une baisse de près de la moitié des espèces [9].

Outre la pratique du labour de manière mécanisée qui a une incidence sur les populations présentes dans la

8. (http://www.fao.org/docrep/004/y3557f/y3557f11.htm)

9. http://www.larecherche.fr/savoirs/dossier/edward-o-wilson-enjeu-ecologique-ndeg-1-01-07-2000-69160

terre (vers de terre, champignons), ce mode de culture se caractérise par l'utilisation de pesticides de tous types : herbicide pour éliminer certains végétaux, fongicides contre certains champignons et insecticides pour éliminer des organismes considérés comme nuisibles pour le type de blé cultivé. A cela s'ajoute le recours à des engrais de synthèse pour nourrir non pas le sol mais le blé planté.

L'excès d'utilisation de ces différentes substances réduit de manière directe le nombre de plantes et organismes directement visés, tout en générant en parallèle des plantes devenues résistantes aux herbicides (près de 500 désormais en constante augmentation depuis les années 70 [10] mais a également des incidences sur l'ensemble de la très riche faune et flore du sol (le sol contient plusieurs espèces de vers de terre et de nombreux vers microscopiques, près plus de 50 espèces d'insectes, près de 30 espèces d'acarien et de centaines d'espèces de champignons [11] !, véritables garants de la fertilité de la terre, et des alentours.

Moins de « mauvaises herbes » ou de « mauvais insectes » signifie qu'il a nécessairement moins d'animaux et d'espèces d'animaux qui se nourrissent de ces derniers par exemple. La richesse spécifiques et l'abondance des organismes sont ainsi clairement affectées.

Les oiseaux, amphibiens et les pollinisateurs (les abeilles, oiseaux, chauve-souris et autres insectes assurent la pollinisation de plus de 80% des plantes à fleurs et près de 35% de la production agricole mondiale dépend de ces pollinisateurs [12]. Les amphibiens, qui se nourrissent notamment d'insectes, vers ou limaces ont quant à eux un rôle régulateur certain en particulier ne sont pas immunisés contre les pesticides qui s'accumulent dans les

10. Source weedscience

11. Ingham, 1999, cité par Brown et al., 2007)

12. Source FAO.

tissus et touchent donc l'ensemble de la chaine alimentaire. Un rapport de l'INRA [13] rappelait à ce titre que les produits phytosanitaires de synthèse sont considérés comme l'un des responsables majeurs du déclin de la biodiversité dans les agro-écosystèmes des pays industriels. Certains insectes, qui jouent un rôle dans la pollinisation, ont également une action positive face à d'autres insectes nuisibles ou dans la lutte contre certaines maladies de la plante.

Concernant les abeilles en particulier, leur nombre n'a jamais été aussi bas en Europe depuis 50 ans (le nombre de colonies a été divisé par plus de 2 depuis 1960, Source FAO) et si les pesticides ne sont pas l'unique cause de ce déclin, leur part de responsabilité est désormais clairement établie. L'étude EPILOBEE 2012-2014 [14] réalisée par l'ANSES a montré que le taux de mortalité hivernale des abeilles en Europe avait atteint près de 30% en Angleterre-Pays de Galle, aux Pays-Bas, en Suède et en Finlande et compris entre 10% et 20% dans des pays comme la France, l'Espagne, l'Allemagne, le Danemark et la Pologne. L'étude montre également que la France est le champion en termes de taux de mortalité estivale avec un taux supérieur à 10%. Soulignons que ces chiffres sont uniquement des moyennes masquant ainsi des taux de mortalité bien dangereusement plus élevés dans certains endroits. De nombreux pesticides ont été interdits ces dernières années tandis que d'autres ont vu le jour et continuent d'être donc couramment utilisés.

Aux Etats-Unis, où l'agriculture conventionnelle est fortement développée, une étude d'une université américaine indiquait que les colonies d'abeilles sur le

13. Agriculture et biodiversité Valoriser les synergies

14. (http://ec.europa.eu/food/sites/food/files/animals/docs/la_bees_epilobee-report_2012-2014.pdf)

territoire avaient chuté en avril 2016 de plus de 40% en moyenne en un an. Le taux atteint même plus de 60% dans certaines régions notamment où la production de céréales ou maraichères sont importantes [15].

L'usage des engrais de synthèse modifie également la faune et la flore du sol et a une incidence néfaste sur la richesse spécifique des plantes et des insectes. La faune des rivières ou de la mer n'est pas non plus épargnée puisque la pollution de l'eau par les nitrates et le phosphore, résultant de la surutilisation d'engrais (et de l'élevage), appauvrit les écosystèmes aquatiques en oxygène et affecte ainsi fortement la biodiversité au point que certains endroits dans l'océans portent désormais le nom de « zones mortes », c'est-à-dire sans pratiquement aucune vie (il y aurait plus de 400 zones mortes dans le monde couvrant une surface de 24,5 millions d'hectares, c'est-à-dire un peu plus d'un tiers de la surface de la France !).

La culture conventionnelle s'accompagne ainsi d'une homogénéisation des milieux alors qu'il existe un lien entre l'hétérogénéité d'un milieu ou habitat et la richesse spécifique de l'écosystème. Ceci veut dire notamment moins de chance de résistance à des agressions extérieures par exemple : (maladies, insectes, stress hydrique...) et une augmentation du risque de voir apparaître des espèces envahissantes qui ont une influence négative importante sur la biodiversité.

Nous l'avons vu, ce type d'agriculture est responsable d'une partie importante de l'émission par l'homme de gaz à effet de serre et donc du changement climatique que nous observons actuellement. Le changement de climat dans une

15. (http://www.lemonde.fr/biodiversite/article/2015/05/13/les-etats-unis-connaissent-des-pertes-d-abeilles-sans-precedent_4633089_1652692.html)

zone donnée, bouleverse les écosystèmes et a ainsi des incidences directes négatives sur la biodiversité.

L'agriculture conventionnelle qui est uniquement à la recherche des rendements les plus élevés s'accompagne également d'une uniformisation des variétés. Ainsi selon la FAO [16] environ 100 espèces représentent 90% des cultures dans le monde alors que nous sommes en mesure de cultiver environ 7 000 espèces de plantes (sur 10 000 – 50 000 comestibles). Il est ainsi estimé que ¾ de la diversité génétique des plantes cultivées ont été perdues depuis le début du XXe siècle [17]. Des centaines de races ont d'ores et déjà disparues, et plus d'une race de bétail traditionnelle disparaît actuellement chaque semaine alors qu'il a fallu des milliers d'années pour développer des races d'animaux de ferme adaptées à chaque environnement. Au global, 30% des races de bétail sont menacées d'extinction.

Au final, il est estimé qu'environ ¾ des aliments que nous consommons sont produits à partir de moins de 15 espèces végétales et seulement 5 espèces animales.

Acheter un produit qui aura été cultivé en agriculture biologique ou selon les techniques d'agroécologie ou de permaculture aura en revanche un effet positif sur la biodiversité à la fois sur la parcelle cultivée mais également sur les différents milieux aux alentours (haies, forêts...). Tout d'abord, ces pratiques n'utilisent pas d'engrais ou de pesticides de synthèses et l'objectif, à l'opposé de l'agriculture conventionnelle, repose sur la diversité agricole dans l'espace et dans le temps. L'objectif ici est maintenir la qualité des sols voire de l'enrichir en favorisant la vie. De même, l'utilisation de technique sans labour, la culture de plusieurs variétés d'une même espèce sur un même espace (limitant ainsi le risque de

16. (http://www.fao.org/docrep/009/y5956f/y5956f10.htm)
17. (http://www.fao.org/docrep/004/v1430f/V1430F04.htm)

maladies et de propagation de celles-ci), l'association de différentes cultures en symbiose tant au niveau du sol, de la pollinisation que de la lutte contre les ravageurs, et l'association entre cultures, forêts et élevage sont privilégiés. Enfin, les surfaces agricoles sont plus de taille plus réduite. Autant d'éléments qui vont dans le sens d'une plus grande biodiversité des sols, des cultures et de l'écosystème tout autour.

L'élevage intensif a également un impact important sur la biodiversité puisque nous l'avons vu celui-ci joue un rôle important dans la quantité d'émission de GES. Il est responsable de la réduction de la superficie des forêts immense réservoir de biodiversité tant sur le plan des végétaux que des animaux (la forêt d'Amazonie qui continue malheureusement à se réduire au profit d'élevage ou de culture de céréales pour nourrir le bétail y compris celui élevé en Europe, abrite notamment plus de 70% des espèces animales et végétales de la planète) ; les forêts en France et Europe ont quant à elle été d'ores et déjà fortement réduites et représentent actuellement plus que 30% du territoire alors qu'elles recouvraient encore les ¾ de la surface il y a 2 000 ans). Enfin, l'élevage intensif favorise la monoculture. La recherche du rendement a également réduit au fil du temps le nombre de races de bétail si bien qu'il est actuellement estimé que plus d'une race de bétail traditionnelle disparaît chaque semaine. De même, ce mode d'élevage utilise des quantités importantes d'eau et s'accompagne d'une pollution des milieux par les effluents et une érosion des sols, autant d'éléments néfastes à la biodiversité.

De nos jours, la consommation de viande a tellement augmenté que la quantité d'animaux d'élevage à l'échelle mondiale est désormais considérée par la FAO comme une menace pour la biodiversité.

De même, les techniques de pêche ou d'aquaculture ont un impact direct sur la biodiversité marine qui est de surcroit de plus en plus dépendant de l'évolution des émissions de gaz à effet de serre. Le développement d'un véritable arsenal de pêche avec certains filets pouvant atteindre 1km de long et 200 mètres de hauteur et d'autres permettant de récupérer du poisson à près de 2 000 mètres de fonds a permis d'augmenter considérablement la quantité de poissons capturés (multiplication par 4 depuis l'après-guerre) nous amenant à une situation de surpêche. Cet état de surexploitation des stocks de poissons nécessite une reconstitution des stocks si l'on ne veut pas voir se réduire encore plus l'espèce et risquer un effondrement des stocks comme cela a déjà été le cas par le passé. Ainsi, il est désormais estimé (FAO) que près de 30% des stocks de poissons sont pêchés à un niveau biologiquement non viable contre 10% il y a 40 ans. Selon une étude américaine (Worms, 2006), près de 30% des espèces de poissons et de fruits de mer ont d'ores et déjà subit une réduction de 90% de leur population. En cause, la pêche intensive non durable, l'acidification des océans liés au changement climatique, et la pollution agricole et industrielle notamment. Chaque organisme étant un maillot de la chaîne alimentaire et jouant un rôle dans l'équilibre entre les prédateurs et les proies et l'ensemble de l'écosystème en général, les conséquences de ces bouleversements sont importantes et multiples au niveau de la biodiversité marine. Par ailleurs, moins de biodiversité implique une baisse de la qualité de l'eau et un moindre potentiel de récupération face aux perturbations subies.

Les techniques d'aquaculture maritime qui consistent à entasser des poissons sur une surface réduite en pleine mer (pisciculture) ne sont pas non plus sans impact sur la biodiversité puisque les espèces élevées sont en partie nourries à partir d'autres espèces dont les stocks sont surexploités en sachant que l'élevage d'un gros poisson nécessite plusieurs kilos de nourriture de petits poissons. Par ailleurs, le développement de maladies en milieu confiné, et l'utilisation d'antibiotiques et d'antiparasites qui sont diffusés dans l'océan ne peuvent qu'être néfastes pour la biodiversité.

Notre consommation de produits de la mer issue d'une pêche industrielle ou d'élevage réduit donc la biodiversité. Consommer des produits issus d'une pêcherie adoptant des pratiques de pêche durable (plus de détails seront donnée dans le chapitre sur les ressources marines) qui s'appliquent aux captures sauvages en mer et en eau douce. Dans ce type de pêcherie, la pérennité des populations des poissons ainsi que la diversité de l'écosystème sont notamment prises en compte.

Réfléchissons donc à deux fois avec d'acheter notre paquet de tagliatelles, notre morceau de viande à faire cuire au BBQ ou notre poisson à faire mijoter au four.

Tableau de synthèse

	Agriculture, élevage et pêche conventionnels	Agriculture, élevage et pêche durables,
Biodiversité	Le nombre d'espèces de vertébrés a été réduit de plus de 50% en 40 ans. Les ¾ de la diversité génétique des plantes cultivées ont été perdus depuis le début du XXe siècle. Les ¾ des aliments que nous consommons sont produits à partir de moins de 15 espèces végétales et seulement 5 espèces animales.	
	La culture conventionnelle réduit la biodiversité de la faune et de la flore dans le sol et à la surface en raison de: - La culture d'un nombre restreint de variétés - L'élevage d'un nombre restreint d'espèces animales - L'utilisation massive d'engrais et de pesticides - La culture sur des champs de grande taille	Les modes de culture durable favorisent la biodiversité dans le sol et à la surface de la terre à la fois au niveau des semences, des variétés cultivées sur un espace donné et des espèces animales élevées ainsi qu'au niveau de l'écosystème local.

20 idées pour agir au quotidien

Idée n°3 : au restaurant, je commande un plat végétarien

Vous le savez, réduire sa consommation de viande, même d'origine biologique, est de plus en plus une nécessite tant l'empreinte environnementale est importante. Il en va de même pour la consommation de produits de la mer dont les ressources sont surexploitées. Et il n'y a pas de raison que ce changement d'alimentation ne s'applique lorsque nous sommes au restaurant. Alors prenez l'habitude de commander un plat végétarien sur la carte. Si ce plat ne vous convient pas ou s'il n'y a tout simplement aucun plat sans viandes ou poisson, n'hésitez pas à demander un assortiment de légumes, avec éventuellement des céréales et des féculents si vous le désirez. Vous aurez souvent une assiette très copieuse et une bonne surprise au moment de l'addition car ce type de plats est moins onéreux. Si vous êtes un(e) amateur(trice) de vin, privilégiez bien sûr les vins issus de l'agriculture biologique.

Idée n°4 : je démarre un potager

Avoir son propre potager, bio bien évidemment, est un must pour pouvoir déguster des légumes aux qualités gustatives inégalées. C'est aussi un moyen de préserver l'environnement car nous consommons des produits de saison, locaux et c'est un moyen d'enrichir la terre et d'encourager la biodiversité. C'est également une bonne opération pour le portefeuille et la santé physique et mentale. Si une surface de 100 m2 à 300m2 est souvent recommandé pour pouvoir nourrir une famille de 4 personnes pendant une bonne partie de l'année, vous pourrez déjà disposer d'une variété importante de légumes avec seulement quelques mètres carrés et vous faire grandement plaisir.

CHOIX ALIMENTAIRE ET QUALITE DES SOLS ET DES EAUX

Depuis des millénaires, l'homme tire sa nourriture de la terre qui procure les fruits et légumes nécessaires à son alimentation, car seuls les végétaux sont à même d'utiliser directement l'énergie du soleil et les éléments de l'air et du sol pour se développer. La survie des animaux dont il se nourrit parfois dépend également des végétaux qui sont apparus à la surface du globe il y a plus de 400M d'années, soit bien avant l'apparition des dinosaures, (environ 200M d'années), des autres mammifères terrestres qui sont apparus par la suite (environ 50M d'années) et des premiers hominidés (environ 7M d'années).

Pour que ces végétaux puissent coloniser la terre, il leur a notamment fallu un support propice à leur développement. Ce sol fertile, qui n'a pas toujours été présent à la surface du globe, s'est en effet constitué au fur et à mesure de l'évolution durant des millénaires (en Europe par exemple, il a fallu environ 500 ans pour faire 1 à 3 millimètres de sol) et résulte notamment de l'interaction entre le monde minéral (la roche mère) et le monde vivant (organique) c'est-à-dire les plantes et les animaux. C'est la raison pour laquelle il n'y a pas de sol sur les autres planètes, car il n'y a pas de vie. Il est important également d'avoir à l'esprit que la fine couche fertile, qui fait l'interface entre le monde gazeux et solide, est extrêmement mince (de quelques centimètres à quelques mètres) si l'on considère les kilomètres d'atmosphère au-dessus et les kilomètres de roche en dessous. Le rôle du sol est pourtant essentiel et multiple puisqu'il assure notre nourriture et joue un rôle central dans le cycle de l'eau, la régulation du climat (fixation du carbone) et la biodiversité.

La formation de ce sol s'est ainsi auto-gérée pendant longtemps et l'influence de l'homme sur ce dernier est donc relativement récente à l'échelle du temps car l'homme a été longtemps « chasseur-cueilleur » et l'agriculture est apparue il y a « seulement » 10 000 ans environ.

L'humanité doit ainsi son apparition et sa survie à l'existence d'un sol fertile, de quelques centimètres d'épaisseur seulement, mais il semblerait pourtant que cette notion fondamentale ait été malheureusement quelque peu oubliée. Nous nous sommes en effet focalisés sur le produit final, les fruits et légumes qui constituent notre alimentation et avons oublié l'importance du sol pour les produire. Quelle est cette variété ? De quelle région provient cet abricot ? Est-ce que ce produit a reçu des pesticides ? Ce sont des questions qui en tant que consommateurs, en dehors des questions de prix, viennent souvent à l'esprit. En revanche, nous ne nous demandons pas sur quel sol ces tomates ont été cultivées et si ce sol a été correctement travaillé pour permettre par la suite la culture d'autres fruits et légumes. Et pourtant, la nature d'un sol et le mode de culture de ce dernier sont des déterminants de la qualité d'un produit (qualité gustative et nutritionnelle) et de la préservation de la fécondité de la terre. L'essor depuis le siècle dernier de la culture hors sol, où les plantes sont cultivées sans lien avec la terre, généralement sous serre et en utilisant des engrais chimiques, montre que la notion de sols est devenue secondaire à nos yeux. Ne nous étonnons pas que les tomates, qui pour environ 70% d'entre elles sont produites hors sols en France, et de surcroit provenant de variétés hybrides (ce thème sera développé dans le chapitre sur les semences), n'aient plus de goût.

L'autre notion fondamentale que nous avons oubliée est que la terre, le sol, héberge une quantité innombrable d'organismes vivants. Il s'agit d'un véritable milieu dynamique, un système vivant d'une infinie complexité, où des échanges se font jusqu'au niveau atomique, au point que certains le qualifient même d'organisme vivant. Un des précurseurs de la biodynamie, E. Pfeiffer, élève de Rudolf Steiner, indiquait ainsi dans son livre *La Fécondité de la Terre* « Le sol [...] est un système qui est doué des mêmes facultés que la plante vivante par exemple, on y trouve des phénomènes comparables ou même identiques à ceux qui se déroulent dans les parties fonctionnelles d'un être vivant ».

Le sol abrite en effet une biodiversité incroyable, l'une des plus importante sur la planète, et fascinante. On y trouve les racines des plantes, une faune importante composée notamment de petits mammifères (taupe, rongeurs...) et d'invertébrés (vers de terre, mille-pattes, fourmis, araignées, cloportes, acariens...) ainsi que de micro-organismes (amibes, algues, champignons, bactéries...). Soulignons qu'il existe de très nombreuses espèces qui se comptent en milliers pour les mammifères et les invertébrés et en dizaine ou en centaines de milliers pour les bactéries et champignons dont beaucoup d'entre eux, et a fortiori leur rôle, sont encore inconnus de nos jours.

Tous ces organismes vivants sont également en quantité importante puisqu'une prairie d'1 hectare peut abriter sur quelques dizaines de centimètres de profondeur plus d'1 tonne de faune, plus de 2 tonnes de bactéries et plus de 3 tonnes de champignons [1] représentant jusqu'à 6% du poids total de la terre arable. A cela s'ajoute les racines des plantes dont le poids peut atteindre plusieurs tonnes dans un champ de blé [2].

Le sol est donc un milieu à la fois très hétérogène, en perpétuelle activité et d'une extrême complexité où chaque organisme et élément allant jusqu'au niveau de l'atome a un rôle précis fonctionnant en synergie, grâce à l'énergie du soleil, l'eau, l'air et une force d'organisation, pour former un véritable ensemble propice à la fertilité dont nous dépendons. La nourriture qui assure notre survie et notre santé provient ainsi bien des 5 éléments

1. La biodiversité des sols http://www.statistiques.developpement-durable.gouv.fr/lessentiel/article/272/1122/biodiversite-sols.html

2. (claude bourgignon page 60)

fondamentaux introduits par les Grecs : la terre (le sol), l'eau, l'air et le feu (chaleur du soleil), l'éther (esprit, énergie subtile, conscience).

Lorsqu'une plante ou un animal meurt, la faune du sol, où chaque individu à un rôle spécifique, se charge de broyer selon différentes étapes cette matière organique laquelle sera ensuite transformée par les bactéries et champignons afin de créer in fine de l'humus qui, avec l'argile résultant de la transformation de la roche mère, sert à fournir les éléments nutritifs aux plantes. Ainsi, augmenter la quantité (et également la qualité) de matière organique présente dans le sol permet d'accroitre la fertilité de la terre. Généralement, la teneur en matière organique nécessaire pour former de l'humus représente entre 1 et 6% du poids total du sol. En dessous d'un certain seuil, de l'ordre de 1,5%, la fertilité de la terre est menacée. Ainsi, un bon niveau de fertilité est assuré avec un taux de matière organique de l'ordre de 4% alors qu'un sol privé de matière organique est un désert.

En transformant la matière organique en minéraux qui pourront être assimilables par les plantes, les microbes agissent ainsi en véritable recycleurs des éléments dans le sol. En plus de participer à la décomposition des plantes, les champignons ont en particulier la faculté de retenir les sols tout en servant également de nourriture à la faune qui dégrade également la matière organique. L'activité des micro-organismes a également une influence sur le développement des racines qui elles même apportent de l'énergie/nourriture à ces micro-organismes. La faune et les racines des plantes permettent grâce aux galeries dans la terre, de maintenir une terre meuble favorable au bon fonctionnement des organismes et d'avoir un échange gazeux entre l'air et les organismes du sol, les racines et certains micro-organismes ayant besoin d'oxygène pour se développer et inversement, du CO2 est rejeté par les micro-organismes. L'azote contenu dans l'air est également transformé par certaines bactéries présentes au niveau des racines de légumineuses pour être assimilable par la plante qui elle-même fournit de la nourriture aux bactéries. Une bonne aération d'un sol permet ainsi une bonne activité biologique. Cela créé également de bonnes conditions pour la circulation de l'eau jusqu'aux plantes mais également jusqu'à la roche mère. L'eau sert en effet de véhicule parfait pour transporter les minéraux et oligo-éléments aux plantes, permet de maintenir un environnement propice à l'activité biologique et participe également à la dégradation physique et chimique de la roche mère. Cette eau sera d'ailleurs purifiée par les micro-organismes avant de se retrouver dans les nappes phréatiques. Les racines, les microbes et l'eau sont ainsi importants pour la formation d'argile riche en nutriment qui, associée à l'humus, assure la fertilité du sol. La porosité de la terre résultant de la faune et de la flore, permet de maintenir un certain niveau d'humidité, utile pendant les périodes de chaleur, favorable à l'activité biologique des sols et permet également de drainer l'eau pour éviter une acidification des sols peu favorable à la fertilité. Le précieux rôle des vers de terre, ou lombrics, est connu depuis longtemps puisqu'Aristote comparait déjà cet animal aux intestins de la terre, Cléopâtre les qualifiait de sacrés si bien qu'il était interdit d'y toucher sous peine de compromettre la fertilité de la terre égyptienne, et Darwin considérait le ver de terre, en tant que véritable laboureur, comme un des animaux les plus importants dans l'histoire du globe et leur a consacré un volume de près de 260 pages (*rôle des vers de terre dans la formation de la terre végétale*). Véritablement déconsidérés de nos jours dans nos sociétés occidentales, il faut pourtant leur rendre hommage. Le rôle des vers de terre (celui-ci est remplacé par les termites dans les zones tropicales) est multiple ce qui leur vaut actuellement le nom d'ingénieur ou d'architecte des sols. Ils participent à la porosité de la terre, essentielle au bon fonctionnement du sol, grâce aux galeries qu'ils creusent, lesquelles permettent une bonne circulation ou stockage de l'eau et de l'air. Leurs galeries favorisent le développement des racines. Ils transforment la matière organique. Leurs déjections sont riches en éléments nutritifs de surcroit facilement assimilables par les plantes et contiennent également des antibiotiques permettant de contrôler les bactéries pathogènes. Le mucus qu'ils sécrètent favorise la stabilité des sols. Ils participent à la régulation des parasites et sont d'infatigables malaxeurs, laboureurs de la terre, remontant ainsi continuellement les argiles d'en bas et en les mélangeant avec l'humus du haut ce qui permet d'éviter le lessivage des sols (transport par l'eau des éléments du sol dans les rivières et nappes phréatiques) et de former le fameux complexe argilo-humique propice à la fertilité. Darwin écrivait ainsi « Il est merveilleux de songer que la terre végétale de toute surface a passé par le corps des vers et y repassera encore chaque fois au bout du même petit nombre d'années ».

Au final, plus il y a de vers de terre dans un champ, plus celui-ci sera fertile. On en dénombre de 500kg à 5 tonnes par hectare selon la qualité du sol.

Selon le climat, la nature de la roche, les vents qui apportent des minéraux, le relief, le type et la variété de matières organiques végétales et animales vivantes et mortes, le type de sol sera différent tout comme son niveau de fertilité.

Il est important de souligner que le sol est considéré comme une ressource non renouvelable dans la mesure où, si la dégradation peut être rapide, le processus de régénération est extrêmement lent.

Si Darwin a été un des précurseurs dans l'étude des sols (19e siècle), la recherche scientifique dans ce domaine n'a véritablement démarré que depuis l'après-guerre et de nombreuses choses sont encore ainsi clairement à découvrir tant cet univers est complexe. De même, le sol est finalement encore un élément assez méconnu du grand public ce qui veut dire que le chemin est encore long sur le plan de l'éducation.

A ce stade, le lecteur peut légitimement se demander en quoi ses choix alimentaires et les produits qu'il achète ont une influence sur les sols ? La réponse est qu'une pomme, un grain de blé ou une tomate peut être produite selon des techniques agricoles très différentes les unes des autres avec des impacts tout aussi différents sur la fertilité des sols.

Comme nous l'avons vu, le travail de la terre par l'homme a démarré il y a environ 10 000 ans mais l'agriculture a véritablement connu une révolution dans les pays occidentaux seulement à partir du XIX siècle avec l'utilisation des engrais et pesticides de synthèse puis l'apparition des engins mécanisés de labour. Dans les pays en voie de développement, ces 2 inventions, couplées au développement de l'irrigation et l'utilisation de certaines variétés de céréales à haut rendement, ont été à la base de la politique agricole (sous le nom de Révolution Verte) mise en place dans ces régions après la 2e Guerre Mondiale.

Les progrès technologiques reposant sur la chimie et l'utilisation du pétrole à la fois pour mouvoir les tracteurs et fabriquer les engrais chimiques et pesticides sont ainsi à la base de l'agriculture que l'on appelle conventionnelle (bien qu'établie seulement par certains ! Plutôt que d'avoir un label « agriculture biologique », ne devrait-on pas plutôt avoir une étiquette « agriculture chimique » ?) ou intensive dont l'objectif est d'augmenter les rendements (volume produit d'un aliment pour une surface donnée) et la productivité (production par unité de main d'œuvre).

Ce type d'agriculture, dominant désormais dans les pays occidentaux, a atteint ses objectifs mais son développement s'est malheureusement fait au détriment de l'environnement. Il en est de même pour l'élevage intensif qui s'est développé après la 2e Guerre Mondiale. Or, selon les lois de la vie et de tout organisme vivant, le développement d'une chose se fait toujours au détriment d'une autre et « lorsque l'on développe une chose en excès, l'équilibre est rompu et bientôt l'ensemble dépérit »[3]. Ainsi, si un déséquilibre important (déséquilibre alimentaire, déséquilibre énergétique, émotionnel, corps-esprits selon la médecine chinoise ou ayurvédique par exemple) apparaît chez une personne, cela se manifestera par un trouble ou une maladie. Comme nous l'avons vu, la formation du sol résulte d'une multitude de paramètres et de forces interreliés qui forment un tout en équilibre instable permanent, à l'instar de tout organisme vivant. Les engrais et pesticides font ainsi partie des facteurs qui déséquilibrent la vitalité du sol.

3. (Pfeiffer par 25 fécondité de la terre)

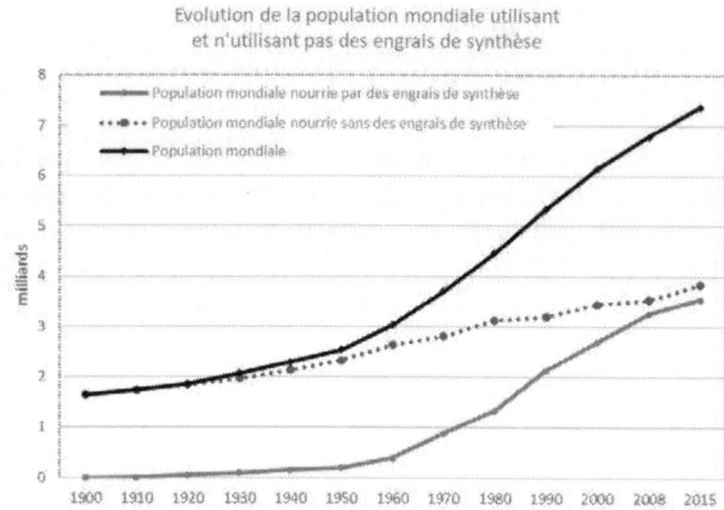

Source : Erisman et al. (2008, Smail (2002), Stewart (2005), ow a century of ammonia synthesis changed the world. Nature Geoscience

Une des conséquences de la pratique d'une agriculture intensive est ainsi la réduction progressive de l'activité biologique et de la matière organique, donc d'humus, dans les sols, pourtant à la source de la fertilité de ces derniers. Une étude [4] réalisée en 2002 indiquait entre 30 et 40% des terres agricoles en France étaient déficitaires en termes de taux de matière organique et donc de nutriments pour les plantes. Le problème est encore plus important dans les zones arides et ce qui n'est pas sans conséquence sur la migration des populations.

Dès lors, la fertilité des sols, la qualité des eaux et les ressources marines côtières s'en trouvent ainsi fortement affectés par une agriculture qui ne respecte les règles de la nature. Il en va de même concernant la capacité de stockage du carbone par le sol et la capacité de ce dernier à lutter

4. (Roussel)

contre l'érosion. Selon une étude récente [5], environ 80% des terres agricoles dans le monde souffrent d'un problème modéré ou important d'érosion et 10% d'un problème léger. Environ 10 millions d'hectares de terres arables sont ainsi perdus chaque années (soit plus que la superficie du Portugal) dans le monde en raison de l'érosion provenant de l'eau et du vent dont les ¾ sont dus à l'agriculture. Ainsi, s'il y a environ 1 500 millions d'hectares de terres arables cultivés dans le monde, ce sont déjà environ 2 000 millions d'hectares qui ont été perdu depuis l'apparition de l'agriculture (dont environ la moitié au cours du XX siècle).

A l'inverse, la gestion de la fertilité des sols et le fait de produire des aliments de qualité et de manière durable font partie des préoccupations essentielles des pratiques de l'agriculture biodynamique, de l'agriculture biologique, de l'agroécologie ou de la permaculture.

Faire le choix d'acheter un produit issu de l'agriculture ou de l'élevage intensif ou non a donc un impact direct sur le maintien de la fertilité des sols dont l'humanité dépend ainsi que sur le changement climatique et les ressources en eau.

Selon les experts, les principales erreurs de l'agriculture intensive concernant la fertilité des sols sont la pratique du labour mécanisé et profond et l'apport externe en excès d'engrais et pesticides chimiques. A cela s'ajoute la pratique de la monoculture, la mauvaise pratique de l'irrigation dans certaines régions, l'élevage intensif, la déforestation massive (comme cela a été le cas en Europe en son temps et désormais au Brésil notamment) et la séparation des zones d'élevage et de culture.

Le tracteur est omniprésent dans les livres de la ferme de notre enfance et nous continuons à voir des tracteurs

5. (David Pimentel, Soil Erosion)

labourant les champs de nos campagnes. Si cette pratique était à l'origine utilisée pour enlever les « mauvaises » herbes, (il n'y a pas de mauvais végétaux dans la nature, simplement des organismes en concurrence avec d'autres), faciliter le semi de la récolte à venir et permettre d'exploiter des surfaces plus grandes avec moins de main d'œuvre, le labour a des conséquences négatives importantes dans la durée sur la fertilité des sols.

Certes, labourer les sols permet de l'aérer mais cela dégage du CO2 contenu dans l'humus (en plus des émissions rejetées par le tracteur) et la structure et l'état biologique du sol ne sont pas améliorés, au contraire. Entre autres, la semelle formée par le socle affecte la porosité du sol et les bactéries et champignons ayant besoin d'oxygène pour vivre, lesquels sont en charge de dégrader la matière organique en surface, se retrouvent enterrées, paralysant ainsi les fonctions vitales du sol. De même, la population par hectare des vers de terre en est affectée. Conséquence, l'érosion du sol est accrue (la terre, moins poreuse, est entrainée dans les rivières) et la fabrication d'humus ainsi que la capacité de stockage de l'eau et du carbone de ce dernier sont altérées.

En 2016, une étude regroupant les observations de plus de 60 études à travers le monde a ainsi montré que l'activité biologique et enzymatique des sols où le semi-direct (sans labour) est pratiqué était plus importante que dans des sols où est utilisé le labour pour les cultures [6].

Malheureusement, le labour ou l'emploi d'herbicides continuent d'être la base de la culture intensive qui a trouvé le moyen de pallier la perte de fertilité des sols en ajoutant des engrais chimiques, le fameux trio NPK

6. (Meta-analysis approach to assess effect of tillage on microbial biomassand enzyme activities https://www.researchgate.net/profile/Maria_Villamil2/publication/299570121_Meta-analysis_approach_to_assess_effect_of_tillage_on_microbial_biomass_ and_enzyme _activities/links/57029b4c08aeade57a24653d.pdf)

N-Azote, P-Phosphore, K-Potassium, non pas pour nourrir le sol, mais pour nourrir la plante uniquement. Ceci est une erreur fondamentale et l'objectif doit être au contraire de nourrir le sol qui assurera ensuite le développement de la plante. Le sol n'est désormais plus considéré comme un système vivant nourrissant les plantes mais uniquement comme un support, un substrat d'où l'on peut extraire à coup d'engrais de synthèse des végétaux. Les engrais chimiques ainsi que les pesticides – fongicides pour les champignons, herbicides pour les « mauvaises » herbes, insecticides pour insectes et parasiticides pour lutter contre les parasites, ont en effet une influence néfaste sur la faune, flore et les micro-organismes du sol en réduisant la biodiversité et l'activité biologique de la terre. Comme le disait un des précurseurs de la biodynamique dès les années 30 [7], toute mesure qui tend à paralyser la vie du sol, à chasser les vers de terre et les bactéries est un crime contre sa vitalité. C'est là que réside le grand danger qu'entraine l'emploi immodéré et déréglé d'engrais, en particulier l'usage excessif d'engrais chimique ».

Alors que les différents organismes et matières minérales sont en équilibre constant dans le sol, l'excès d'engrais chimiques bouleverse cet équilibre favorisant le développement de maladies, affectant la formation d'humus et entrainant un lessivage des sols, c'est-à-dire le transport dans l'eau d'éléments qui polluent in fine les nappes phréatiques et les rivières jusqu'à la mer.

Dans le cycle naturel, l'azote contenu dans l'air est transformé (en ammoniaque puis en nitrate) par les bactéries afin de pouvoir être intégré dans le monde vivant, c'est-à-dire par les plantes au fur et à mesure de leur besoin. D'autres bactéries se charges également

7. (Pfeiffer page 65 fécondité de la terre)

de renvoyer l'azote dans l'atmosphère selon un cycle équilibré. En ajoutant des engrais azotés fabriqués par voie chimique ou en épandant de manière trop fréquente et trop importante les effluents d'élevage, pourvoyeurs d'azote, issus des élevages intensifs, l'équilibre du cycle de l'azote en est nécessairement perturbé. Ceci a pour conséquence une pollution de l'écosystème induite par la perte des nitrates, non utilisés par les plantes, vers les nappes phréatiques, les rivières et la mer.

Pourquoi a-t-on décidé de mettre autant d'azote dans les cultures ?

Si le fumier est utilisé depuis des siècles pour fertiliser les sols, l'azote contenu dans l'air n'a finalement été identifié comme élément chimique qu'à la fin du 18e siècle et son rôle, sous forme de nitrate transformé par les microbes dans la croissance des plantes, a été notamment mis en évidence seulement dans la seconde partie du 19e siècle en particulier par Justus Von Liebig.

Avant d'être utilisé dans les cultures sous forme d'engrais chimique, l'azote transformé in fine en nitrate (le salpêtre) par des champignons dans des caves, était déjà utilisé depuis de longue date pour la fabrication de la fameuse poudre noire ou poudre à canon.

Or, c'est au début du 20e siècle que le chimiste allemand Fritz Haber parvint à fixer par voie chimique (synthèse de l'ammoniac) l'azote de l'air en laboratoire ce qui donnera naissance un an avant le début de la guerre de 1914-18 au procédé industriel Haber-Bosch (Carl Bosch de la société BASF). Ce procédé, extrêmement énergivore, servira à fabriquer des explosifs durant la guerre (c'est de là que les soldats allemands prennent le surnom de Bosch). A la fin de la guerre, les industriels se devaient de trouver pour des raisons économiques de nouveaux débouchés pour les excédents d'ammoniac/nitrates de synthèse. L'agriculture fut malheureusement le secteur sur lequel ils jetèrent leur dévolu. Il est intéressant de noter que dans son étude (Feed the Soil – Nourrir la terre) parue dans la revue Science au début des années 50, F. Lyle Wynd alertait déjà l'opinion en indiquant qu' « il y a une rupture de plus en plus accusée entre les objectifs de l'industrie des engrais chimiques et les objectifs qui se fondent sur l'étude des propriétés du sol. Tandis qu'elle se développait, l'industrie des engrais chimiques s'est détachée à un moment donné de la science biologique et elle prend maintenant une direction qui est inconciliable avec le résultat des recherches. Le nœud du problème est de savoir ce qu'est réellement l'engrais, comment et dans quel but il convient de s'en servir ».

Il en est de même pour le cycle du phosphore qui provient à la fois des roches et de la matière organique et qui est rendu assimilable par les plantes grâce au fabuleux travail des micro-organismes du sol. L'excès d'apport de phosphore sous forme d'engrais minéraux (voir encadré) ou résultant des élevages intensifs (les effluents d'élevage et l'urée contiennent du phosphore) s'accompagne en effet de pertes importantes par les eaux de pluie.

Les engrais minéraux sont obtenus à partir de l'exploitation de mines de roches phosphatées non renouvelables dont plusieurs scientifiques prédisent la pénurie prochaine. Le phosphore est pourtant fondamental pour la photosynthèse des plantes et est d'une manière générale essentiel à la croissance de tout organisme vivant[8])

8

L'ingénieur agronome Claude Bourguignon, véritable spécialiste des sols, n'hésite d'ailleurs à pas dire que l'apport d'engrais NPK, soit seulement 3 éléments alors que la plante en a besoin de plus de 30 pour se développer harmonieusement, est très archaïque à la vue de la complexité du sol et du mécanisme de développement des plantes et rappelle qu'une agriculture respectueuse de l'environnement doit stimuler le sol et non la plante.

Au final, l'apport excessif de nitrate et de phosphate dans les sols que l'on retrouve dans les milieux aquatiques s'accompagne d'une prolifération d'algues et de plantes dans les lacs, rivières et mer qui déséquilibrent les différents écosystèmes (phénomène d'eutrophisation). Rappelons que même Justus Von Liebig, considéré parfois comme le père de l'agriculture chimique, indiquait qu'en agriculture, le principe fondamental était de

8. (Cordell The Story of Phosphorus : Sustainability implications of global phosphorus scarcity for food security, HINSINGER)

rendre toujours à la terre, en pleine mesure, tout ce qu'on lui enlève par les récoltes [9]. Si la biodiversité en est directement affectée, l'eutrophisation des milieux aquatiques entraîne une réduction du taux d'oxygène dissout dans l'eau qui, en dessous d'un certain niveau, ne permet plus à la faune aquatique de subsister. Un rapport du Programme des Nations Unies indiquait ainsi que 150 zones marines en 2004, puis plus de 400 en 2008, à travers le monde étaient considérées comme des « zones mortes » (la plus grande zone morte est située en mer Baltique; la superficie totale de ces zones mortes est quasi équivalente à la superficie d'un pays comme l'Italie), car dépourvues d'oxygène en corrélation notamment avec l'utilisation d'engrais chimique de synthèse.

« Zones mortes » marines dans le monde

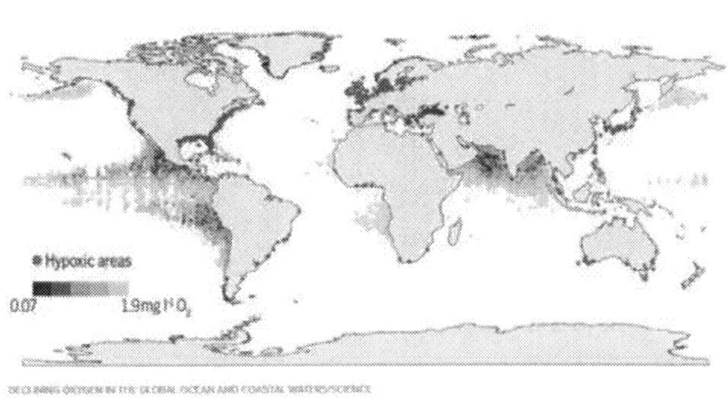

Source : Global Oxygen Network

9. https://books.google.fr/books?id=_RqFsp8LiLoC&printsec=frontcover&hl=fr&source=gbs_ge_summary_r&redir_esc=y#v=onepage&q=engrais&f=false Chimie appliquée à la physiologie végétale et à l'agriculture page 264)

Si la qualité des eaux est directement affectée par l'utilisation des engrais de synthèse, les pesticides déversés en parallèle dans le modèle d'agriculture intensive sont également une source de pollution des milieux aquatiques. En France en particulier, plus de 90% des points de surveillance de la qualité de l'eau montrent la présence de pesticides dans les cours d'eau. Les zones les plus concernées sont bien évidemment les zones de grandes cultures de type céréales. De même, 70% des eaux souterraines sont désormais contaminées pas les pesticides. Ceci a des impacts sur les écosystèmes (réduction de la biodiversité...) mais également sur la qualité des eaux destinées à l'alimentation humaine. L'eau est pourtant vitale à l'homme dont le corps est composé à près de 60% d'eau. Les coûts de dépollution pour la production d'eau potable, comme cela est fait dans un pays comme la France, se sont ainsi accrus (un rapport du ministère de l'environnement indique un montant compris entre 1 et 1,5Mds€ par an rien que pour les nitrates et pesticides soit entre 7% et 12% de la facture moyenne du consommateur français !) et les traitements ne visent qu'à respecter un certain seuil de pesticides contenus dans l'eau, seuil qui a étonnamment été revu à la hausse depuis 2011 (l'association Génération Futures indique ainsi que certaines régions tolèrent désormais des quantités de pesticides dans l'eau du robinet 5x supérieur à celle d'avant). En 2015, une étude montrait également que les eaux en bouteille n'étaient pas exemptes de pesticide.

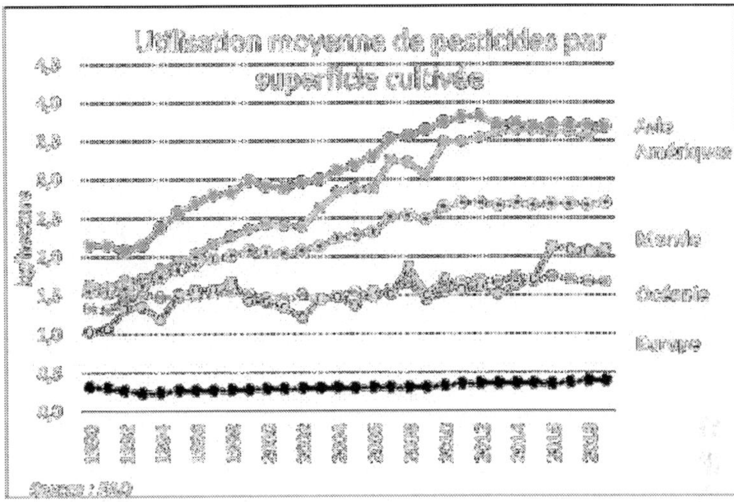

Un modèle agricole qui ne favorise par la formation d'un humus de qualité détériore la fertilité des sols mais s'accompagne également d'un recours accru à l'eau douce en raison de la moindre capacité du sol à retenir l'eau (ruissellement et évaporation) par rapport à des sols vivants contenant un taux important de matière organique et qui fonctionnent comme des éponges. Ceci est particulièrement important dans la mesure où l'agriculture est d'ores et déjà responsable de 70% de l'eau prélevée dans le monde. La consommation d'eau est particulièrement importante pour l'irrigation des cultures (près de la moitié de l'eau utilisée en France est utilisée pour l'irrigation du maïs) et pour l'élevage. Ainsi, il est estimé que les prélèvements d'eau par l'agriculture dans le monde ont été multipliés par plus de 5 entre 1900 et 2000 [10]. L'utilisation croissance de l'eau pour l'agriculture rentre de plus en plus en concurrence avec les usages domestiques et tend

10. (Source FAO http://www.unep.org/dewa/vitalwater/article43.html)

à dépasser dans un nombre certains nombres de régions les ressources durables qui peuvent être mobilisées. Autant d'éléments qui vont favoriser les conflits et la migration des populations.

Autre effet de l'agriculture intensive qui est caractérisée par la culture de grandes surfaces sans forêts ou haies et un sol imperméabilisé, le cycle local de l'eau est perturbé. Par conséquent, le microclimat est également modifié, l'évaporation du couvert végétal jouant un rôle dans le rafraîchissement de l'air et formation des nuages. Précisons au passage qu'un sol permettant de mieux retenir ou drainer l'eau permet d'être mieux armé face aux impacts du changement climatique (période plus longue de sécheresse ou précipitations plus importantes).

A l'opposé, les pratiques d'agriculture biodynamique (qui s'est d'ailleurs développée dans les années 20 face aux dégâts de la culture intensive), d'agriculture biologique, d'agroécologie ou de permaculture sont plus respectueuses de l'environnement et de la qualité des sols en particulier. Cette qualité se mesure notamment par le niveau d'activité biologique c'est-à-dire les organismes vivants, la capacité à retenir l'eau et à lutter contre l'érosion, la capacité à assurer les échanges gazeux avec l'atmosphère et à fixer le carbone, le niveau de la fertilité ou encore la capacité à se régénérer. Rappelons, et nous ne le dirons jamais assez, que le niveau de fertilité de la terre tient notamment au taux et à la qualité de la matière organique qui est contenu dans les sols et au niveau de l'activité biologique. Il faut pour cela nourrir le sol qui nourrira la plante (principe indiqué par le fondateur de la biodynamie Rudolf Steiner dans les années 1920) et non pas vouloir nourrir directement la plante car le sol est vivant. Aucun apport, si grand soit-il de substances chimiques mêlées à de fines de roche, ne saurait créer l'équivalent d'un sol fertile [11].

Ceci se fait notamment avec un recours limité ou une absence de labour, l'absence d'utilisation d'engrais et pesticides de synthèse, l'utilisation de compost (produit obtenu par la dégradation de matières végétales et animales) et d'engrais verts (plantes cultivées non récoltées) qui, entre autres, améliorent la structure du sol, stimulent la vie microbienne et permettent le renouvellement ou la formation d'humus. On compte également la culture sur de plus petites surfaces, le respect des cycles de la nature, la pratique de la rotation des cultures (la monoculture pratiquée dans la culture intensive ne permet jamais d'améliorer la structure de l'humus et la fertilité de la terre) et de la culture associée (culture de plusieurs espèces végétales), une meilleure gestion de l'eau et la préservation des forêts à proximité des cultures. La forêt apporte de la fraicheur ou de la chaleur au besoin, joue un rôle dans le cycle de formation des nuages et des précipitations au niveau local, protège les cultures du vent, constitue un habitacle permettant une meilleure biodiversité utile pour la lutte contre les parasites et nuisible, et est une source d'humus importante permettant une meilleure fertilité et une moindre érosion pluviale. A propos des forêts, un prophète hébreu disait ainsi « Quand tu assiègeras une ville, tu ne détruiras pas les arbres. Car l'arbre du champ est la vie de l'homme ». Il convient également de noter que l'animal a un rôle important dans la fertilité des sols dans la mesure où le lisier, associé à la paille permet l'élaboration de fumier organique, source d'humus et que c'est donc une erreur de séparer l'élevage de la culture. L'agriculture « moderne » a en revanche séparé, pour des raisons économiques les zones d'élevages et les zones de cultures, si bien que

11. (Wynd/ Feed the Soil)

désormais les sols des grandes cultures de céréales sont en manque d'azote, ce qui est compensé par les engrais chimiques, alors que les zones d'élevages intensifs sont en excédent d'azote, entrainant la pollution des eaux.

La qualité d'un sol est aussi un gage de saveur alors que les aliments sur nos étalages ont de moins en moins de goût. Les tomates, fraises ou pommes insipides, pour ne citer que ces aliments, en sont de tristes exemples. Dans le domaine du vin, il faut certes un bon œnologue pour faire un bon vin mais il faut également un bon terroir. Or, un terroir se définit comme un ensemble homogène exploité regroupant un climat, une topographie et une géologie particulière mais également des techniques d'exploitation et un sol particulier. Il est en de même pour les fruits ou légumes que nous cultivons et il est donc normal, pour une variété donnée d'avoir des différences importantes de saveur selon son lieu et mode de production.

Acheter des fruits ou légumes obtenus à partir de pratiques agricoles durables est donc un gage de la pérennité de la fertilité des sols, de la saveur des aliments, des qualités nutritionnelles et énergétiques des aliments, des réserves en eaux et du maintien de la qualité des eaux (eaux douce et zones côtières). Comme le dit si bien Pierre Rabhi, « Dieu n'a pas donné une terre merveilleuse pour qu'on la profane » [12].

C'est aussi une manière de rééquilibrer les intérêts économiques et de contribuer à un système plus vertueux pour les différents acteurs de la filière alimentaire dans la mesure où les fabricants de pesticides contrôlent plus de 90% du marché et font bien souvent partie de groupes produisant des semences (dont la culture va de pair avec l'utilisation de pesticides...étonnant non ?).

Les secteurs de la fabrication d'engrais de synthèse,

12. (film dirt)

du négoce des céréales et du soja et de l'élevage sont également dominés par quelques entreprises [13].

Si le paysan a une véritable responsabilité lorsqu'il cultive la terre en raison du rôle fondamental du sol pour l'humanité, il est également de notre responsabilité, nous consommateurs, en choisissant l'origine et la manière dont nos produits sont cultivés, d'encourager le paysan soucieux de préserver la fertilité de la terre.

« Dès que le paysan concevra que sa ferme est un être vivant, il l'aimera comme on ne peut aimer que ce qui est doué de vie. Avec des sens affinés, un intérêt plus vif, il percevra chaque réaction du sol, des plantes, des animaux, il comprendra que le tout forme un ensemble, dont la santé et la prospérité lui importent, parce qu'elles sont la garantie de son avenir », expliquait déjà un précurseur de la biodynamie [14].

---

13. (https://www.publiceye.ch/fileadmin/files/documents/Lebensmittelindustrie/DB_Agropoly_5-11_F_def.pdf)
14. (Pfeiffer page 147)

Tableau de synthèse

	Agriculture, élevage et pêche conventionnels	Agriculture, élevage et pêche durables,
Qualité et fertilité des sols	Le sol, véritable milieu dynamique et système vivant d'une infinie complexité, est considéré comme une ressource non renouvelable dans la mesure où, si la dégradation peut être rapide, le processus de régénération est extrêmement lent. Le sol fertile n'a pas toujours été présent à la surface du globe. Il faut environ 500 ans pour faire 1 à 3 millimètres de sol.	
	La culture conventionnelle affecte la qualité des sols, favorise l'érosion et réduit leur fertilité du fait de : - L'utilisation massive d'engrais et de pesticides - La pratique du labour profond - La pratique de la monoculture - La séparation des zones l'élevage et de culture - La mauvaise pratique de l'irrigation	Les pratiques agricoles durables sont plus respectueuses de l'environnement et de la qualité des sols en particulier laquelle se mesure notamment par le niveau d'activité biologique c'est-à-dire des organismes vivants, la capacité à retenir l'eau et à lutter contre l'érosion, la capacité assurer les échanges gazeux avec l'atmosphère et à fixer le carbone, le niveau de fertilité ou encore la capacité à se régénérer.
Ressources en eau	L'agriculture est responsable de 70% de l'eau prélevée dans le monde.	
	- Le moindre taux de matière organique des sols résultant de la culture conventionnelle réduit sa capacité à retenir l'eau - La consommation d'eau est particulièrement importante pour l'irrigation des cultures et pour l'élevage (en particulier, près de la moitié de l'eau utilisée en France est utilisée pour l'irrigation du maïs). - Les grandes surfaces sans forêts ou haies et un sol imperméabilisé, perturbent le cycle local de l'eau et donc du microclimat, l'évaporation du couvert végétal jouant un rôle dans le rafraîchissement de l'air et la formation des nuages.	Le travail du sol qui permet de créer de la matière organique a un rôle positif sur la porosité du sol et donc sur les besoins en eau pour les cultures, qui sont moindres.
Pollution des sols et des eaux	Dans un pays comme la France, plus de 90% des points de surveillance de la qualité de l'eau montrent la présence de pesticides dans les cours d'eau. En mer, la superficie totale des zones mortes (zones dépourvues d'oxygène en corrélation notamment avec l'utilisation d'engrais chimiques de synthèse) est quasi équivalente à la superficie d'un pays comme l'Italie	
	La culture et l'élevage intensifs sont fortement responsables de la pollution des sols et des eaux : - L'utilisation excessive d'engrais de synthèse (nitrate et phosphate) dans les milieux aquatiques s'accompagne d'une prolifération d'algues et de plantes dans les lacs, rivières et mers qui déséquilibre les différents écosystèmes (phénomène d'eutrophisation engendrant les zones mortes). - - L'aquaculture intensive s'accompagne d'une pollution du milieu du fait des rejets d'excréments, de nourriture ou encore d'antibiotiques	La non-utilisation d'engrais de synthèse pour la culture des végétaux à destination de l'homme et des animaux d'élevage permet de ne pas polluer les milieux aquatiques

20 idées pour agir au quotidien

Idée n°5 : Je réduis ma consommation de viande

Conscient des impacts environnementaux de l'élevage que ce soit au niveau de l'eau, des sols, des rejets de gaz à effet de serre, de la déforestation et de la biodiversité, sensible à la question du bien-être animal ou simplement convaincu que vous consommez des protéines en excès comme c'est le cas en Occident, vous avez décidé de réduire sensiblement votre consommation de viande voire de devenir végétarien. Dès lors, il est nécessaire de trouver des sources de protéines végétales issues d'une agriculture respectueuse de l'environnement en substitut aux protéines animales. La bonne nouvelle est que les protéines végétales sont moins onéreuses que la viande. A vous de faire le plein de haricots rouges, pois chiche, quinoa, boulgour, soja, fèves, lentilles par exemple qui ont l'avantage de se stocker longuement dans vos placards et d'être disponibles au quotidien. Vous pouvez opter également pour des steaks végétaux (à base de soja et céréales la plupart du temps) qui sont soit frais soit se conservent longuement, un steak végétal apportant autant de protéine qu'un steak de viande. De manière pragmatique, vous pouvez continuer à cuisiner vos mêmes plats qu'auparavant en remplaçant simplement la viande par un des aliments cités précédemment. Sachez également que 2 œufs ou 100 grammes de comté apportent autant de protéines qu'un steak et que les œufs et les produits laitiers apportent également de la vitamine que l'on trouve dans la viande. Enfin vous pouvez découvrir de nouvelles recettes vertes utilisant telles ou telles protéines végétales.

Les livres ou site de recettes ne manquent pas. Je ne peux que vous conseiller également de vous constituer des petites réserves de noix, noisettes, amandes, graines de courges qui, en plus d'être délicieux, sont sources de protéines mais également des fibres et d'autres nutriments bénéfiques pour la santé.

Idée n°6 : je passe au bio !
Convaincu qu'adopter un régime alimentaire à partir de produits issus d'une agriculture respectueuses de l'environnement est important pour la préservation de la planète, le respect des animaux, la santé ainsi qu'au niveau social, il ne vous reste plus qu'à changer vos habitudes pour faire vos courses en vous tournant vers des magasins offrant des produits biologiques. Il existe en France notamment désormais de nombreux magasins individuels, des chaines de magasins spécialisés voire des grandes surfaces spécialisées proposant des produits 100% bio et il est également possible de commander en ligne. Vous y trouverez également plein de produits écologiques pour l'entretien de la maison. Du fait de la demande croissante des consommateurs, les magasins et grandes surfaces traditionnels proposent également de plus en plus de produits biologiques, de surcroît en ligne, et vous aurez souvent la bonne surprise que les prix ne sont pas très différents des autres produits, mais encore faut il comparer ce qui est comparable. Mis à part dans une grande surface bio spécialisée, une petite frustration peut venir du fait que l'offre est parfois limitée et que l'on ne trouve pas tous les produits que l'on cherche dans un même lieu obligeant à compléter ses achats dans un autre magasin.

Au final, si nous n'êtes pas en mesure d'acheter 100% de produits biologiques, gardez à l'esprit que tous les efforts que vous faites sont un plus par rapport à la situation initiale et que le 100% bio reste à un objectif à terme.

.

CHOIX ALIMENTAIRE ET RESSOURCES MARINES

Recouvrant environ 70% de la surface du globe, l'océan occupe une place fondamentale dans la vie des hommes. Il est le lieu où est apparue la vie il y a environ 3-4 milliards d'années et a permis, grâce à l'absorption du carbone contenu dans le CO_2 de l'atmosphère primitive et la production de dioxygène (O_2) par les bactéries (cyanobactéries ou algues bleues bien que cela ne soit pas des algues) et le plancton, d'avoir un environnement sur la terre ferme propice aux développements des différentes espèces végétales, animales et de l'homme bien sûr qui est un maillon de la chaine.

Etant l'un des plus grands réservoirs naturels de carbone sur Terre et absorbant environ chaque année entre un tiers et la moitié du carbone émis par les activités humaines, l'océan joue également un rôle majeur dans la régulation du climat. Enfin, l'océan a toujours constitué une ressource alimentaire importante pour l'homme.

Malheureusement, la surpêche, la pollution et l'acidification des océans induite par l'absorption des émissions de CO_2 par l'homme menacent de plus en plus les ressources marines. De même, l'élevage de poissons ou crustacés dans des bassins en mer (aquaculture) développé à l'après-guerre pour faire face au déclin des ressources marines n'est finalement pas sans conséquences, causant la surpêche de certaines espèces de poissons et pesant sur l'ensemble de l'écosystème.

Dès lors, consommer des aliments dont l'empreinte carbone résultant de l'aliment lui-même (légumes vs viande par exemple) et de son mode de culture (biodynamie, agriculture biologique, permaculture ou agroécologie vs culture intensive par exemple) est faible et des poissons ou crustacés dont les modes de pêche n'encouragent pas la surexploitation des stocks joue un rôle essentiel sur le plan environnemental. Ces choix ont en effet un impact sur la préservation ou la reconstitution des ressources marines, sur l'équilibre des écosystèmes marins et côtiers, sur le maintien du rôle de l'océan en tant que régulateur du climat et sur la stabilité de certaines régions du globe où les populations dépendent traditionnellement nutritionnellement ou économiquement de la pêche.

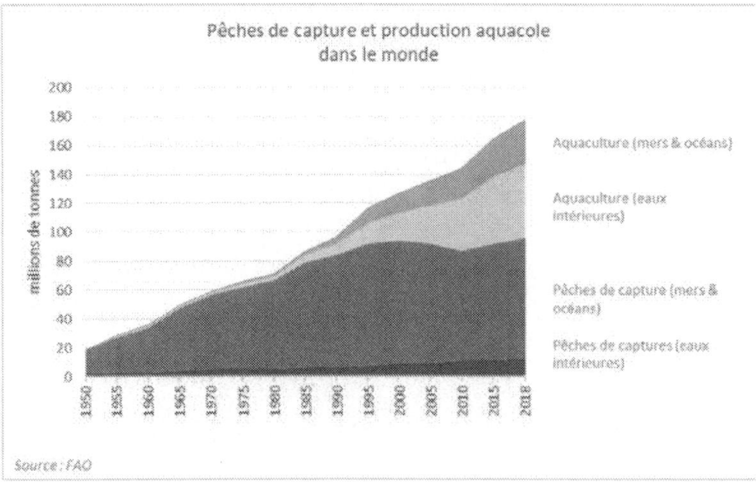

La situation actuelle des ressources marines est en effet plus qu'inquiétante et il est urgent d'inverser la tendance afin de préserver les stocks de poissons et les écosystèmes dont ils dépendent.

Les modes de pêche au niveau mondial se sont en effet profondément transformés depuis les années 1950 et se sont accompagnés d'une forte augmentation des prélèvements de poissons dans les mers et les océans.

Sur le rapport de la FAO, les captures marines (hors anchois du Pérou dont le stock dépend fortement de l'influence du phénomène El Nino, le quel est un courant marin résultant d'une perturbation des flux atmosphériques entre les pôles et l'équateur) ont été multipliées par plus de 4 (soit 2 fois plus que la croissance de la population) entre les années 1950 et la fin des années 1980 pour atteindre près de 80 millions de tonnes en 1988 avant de se stabiliser à ce niveau sur les années suivantes. Les évolutions de la technologie et l'imagination de l'homme poussée par une motivation purement économique ont permis en effet de construire des engins de pêche de plus en plus performants en termes de quantité de poissons capturés en un temps donné. Les bateaux sont ainsi devenus plus puissants, les filets de plus en plus grands (certains font 1km de long et 200 mètres de haut !) et la pêche de plus en plus profonde. La profondeur de la pêche est ainsi passée en moyenne d'environ 200 mètres à plus de 500 mètres actuellement et atteint même avec les chaluts de fonds, les dragues ou les sennes danoises jusqu'à 2 000 mètres de profondeur. Celles-ci sont pourtant considérées comme écologiquement absurdes car endommageant dramatiquement les fonds marins. Notons au passage que ce type de pêche intensive s'accompagne d'une part importante de captures non désirées qui sont alors rejetées (bien souvent endommagées ou mortes) à la mer. Selon la FAO, les prises dites « accessoires », comprenant des poissons non désirés mais également des dauphins, requins ou tortues, liées à la surpêche représentent environ 7 millions de tonnes par an à l'échelle mondiale.

Conséquence, alors qu'il était estimé dans les années 1970 qu'environ 40% des stocks de poissons marins étaient pêchés à un niveau considéré comme sous-exploités, ce chiffre est passé à près de seulement 10% en 2013. Inversement, 30% des stocks de poissons sont désormais surexploités, c'est-à-dire considérés comme non viables à long terme, et près de 60% des stocks de poissons sont exploités à leur maximum.

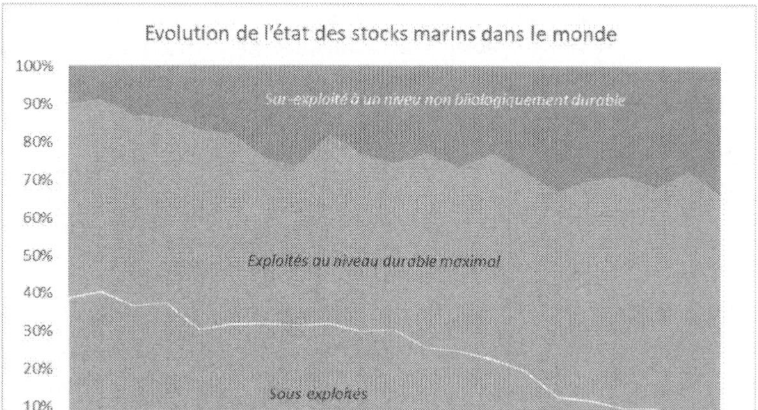

Ainsi selon l'indice Planète Vivante Marin Global du WWF qui mesure l'évolution des populations d'espèces, les stocks de poissons destinés à la consommation ont été réduits de moitié entre 1970 et 2010 et ce chiffre est encore plus important pour certaines espèces (thons et maquereaux notamment). Parfois même, la surpêche d'une espèce est telle qu'elle s'accompagne d'un risque d'effondrement de la population dans certaines zones. Cela a déjà été le cas pour la morue, l'anchois et la sardine et menace également actuellement le thon. Comme dans l'agriculture, l'homme s'est focalisé sur l'accroissement des quantités de poissons pêchés alors que dans le cas présent, il ne s'agit pas d'une activité de production mais d'une activité de cueillette dont la maitrise des stocks lui échappe.

Face à la problématique de la surpêche, la pratique de l'aquaculture pour l'élevage de poisson, crustacés ou coquillages apparaissait comme une véritable alternative pour continuer à accroitre la production de poissons face à la demande pour l'alimentation humaine. C'est ainsi que la production de produits de la mer est passée de 20 millions de tonnes en 1950 à près de 170 millions de tonnes (dont près de 150 millions de tonnes destinées à la consommation humaine) actuellement (soit une multiplication par 8,5 en 60 ans qui n'apparaît pas véritablement en phase avec les rythmes de la nature). L'accroissement de la population y est pour quelques chose mais également la consommation annuelle par habitant puisque si celle-ci était de près de 10kg par habitant dans les années 1960, et qu'elle approche désormais les 20 kg (notons que la consommation annuelle d'un européen est supérieure à 22kg tandis celle d'un africain est inférieure à 10kg). La production aquacole a ainsi commencé à véritablement décoller dans les années 1980 et a dépassé en 2014 celle de la pêche destinée à l'alimentation humaine pour atteindre près de 75 millions de tonnes, soit la moitié de production totale de produits de la mer.

Malheureusement, le développement de ce mode d'élevage ne s'est pas accompagné d'une amélioration des stocks de poissons considérée comme surexploités ou exploités au maximum puisque la part de ceux-ci n'a cessé de croitre depuis 40 ans ce qui n'est pas sans conséquence pour les différents écosystèmes. Les poissons élevés sont en effet en partie nourris avec d'autres poissons plus petits issus de la pêche intensive. Il faut ainsi environ entre 2kg et 4 kg de poisson pour produire 1kg de poisson d'élevage. Un chiffre qui dépasse 10kg pour 1kg de thon rouge d'élevage [1]. L'aquaculture reste donc fortement dépendante des stocks de poissons sauvages. Les principales espèces de poisson et crustacés élevées en mer sont le saumon, le thon, la daurade, le bar et les crevettes. Les palourdes, huitres, moules et coquilles Saint jacques sont des espèces élevées en aquaculture mais non nourries.

Il est ainsi estimé que le secteur de l'aquaculture [2] utilise près de 70% des farines de poisson et près de 90% des réserves d'huile de poisson (les farines de poissons sont également utilisées pour la nourriture des animaux terrestres, porc et volaille notamment). En 2014, 21 millions de tonnes de poissons issus de la pêche intensive, soit près d'un quart du total prélevé en mer, étaient ainsi destinés à fabriquer des produits non alimentaires, essentiellement des farines et huiles de poisson. Il ne faut donc pas s'étonner que les stocks des principales espèces de poissons utilisées pour la production de farine et d'huile de poisson (anchois du Pérou, harengs, morue, maquereaux, sardines...) soient exploités au maximum ou

1. Aquimer/Greenpeace/Nature)
2. (rapport Little fish, big impact, 2012)

surexploités selon les régions ce qui a des conséquences sur la chaine alimentaire marine mais également sur les colonies d'oiseaux de mer qui sont des prédateurs de petits poissons.

De même, la concentration de poissons en un lieu donné est un vecteur de maladies et s'accompagne d'une pollution du milieu du fait des rejets d'excréments, de nourriture ou encore d'antibiotiques qui sont autant d'élément qui ne favorisent pas la biodiversité et l'équilibre de l'ensemble de l'écosystème. Si l'aquaculture en pleine mer impacte les fonds marins, l'élevage de crevettes est particulièrement dévastateur pour le littoral et la mangrove dont le rôle pour l'environnement est très important. Passons également sur le fait que l'élevage de poissons hybrides, dont certains peuvent s'échapper des filets, constitue une menace pour l'équilibre marin.

Que faut-il donc faire lorsque nous souhaitons acheter du poisson, des crustacés ou des mollusques ?

Tout d'abord, le consommateur, européen par exemple, doit prendre conscience qu'il doit réduire sa consommation globale de produits de la mer dont sa survie ne dépend pas en se tournant, non pas vers des protéines animales dont l'impact sur l'environnement est important mais vers des protéines végétales, facilement accessibles en raison du climat et de la qualité des terres, issues d'une agriculture respectueuse de l'environnement.

Ensuite, il faut choisir un poisson de la mer selon son mode de pêche et un crustacé selon son mode de culture et éviter les espèces de poissons dont les stocks sont surexploités ou exploités au maximum ainsi que celles issues de l'aquaculture non durable. La pêche artisanale, où les bateaux sont plutôt de petites tailles (moins de 12 mètres) et utilisés pour la pêche côtière ou la « pêche à la canne/ligne » seront ainsi les modes privilégiés. Les produits de la mer avec les labels « pêche durable » (label français d'Agrimer), «Marine Stewardship Council - MSC», « acquaculture biologique », ou « Aquaculture Stewardship Council - ASC» seront également privilégiés même si l'association BLOOM (www.bloomassociation.org) en particulier avertit qu'aucun label ne garantit totalement qu'un poisson certifié est durable. En 2016, l'association indiquait qu'une étude montrait par exemple que 11 stocks sur 31 certifiés MSC en Europe du nord étaient surexploités et que 4 stocks étaient en dehors des limites biologiques...

Au-delà des labels, différentes associations proposent une liste de produits de la mer à privilégier ou à éviter.

Goodplanet : https://www.goodplanet.org/ocean/
Une application pour smartphone est disponible. Elle répertorie environ 100 espèces de poissons, coquillages et crustacés selon leur provenance, l'état de leur stock et leurs techniques de pêche.

Mr.Goodfish : http://www.mrgoodfish.com/fr/
Une liste d'espèces donc les stocks ne sont pas menacés de surexploitation.

WWF : www.wwf.fr
L'organisation mondiale de protection de la nature propose un guide en ligne (conso guide du WWF) pour les produits de la mer sur http://www.consoguidepoisson.fr/wwf-recommendations/

Greenpeace : http://www.greenpeace.org/france/fr/
L'association propose un guide de consommation de produits de la mer qui sont à éviter selon l'état des stocks, la vulnérabilité des espèces, les méthodes de pêche, l'impact de l'aquaculture et la pêche illégale.

Tableau de synthèse

	Agriculture, élevage et pêche conventionnels	Agriculture, élevage et pêche durables,
Ressources marines	Les effectifs de poissons destinés à la consommation ont été réduits de moitié entre 1970 et 2010. 30% des stocks de poissons sont désormais surexploités, c'est-à-dire considérés comme non viable à long terme, et près de 60% des stocks de poissons sont exploités à leur maximum.	
	- L'utilisation d'engins de pêche de plus en plus performants en termes de quantité de poissons capturés en un temps donné a un impact extrêmement néfaste sur les stocks de poissons. - L'aquaculture intensive ne s'est pas accompagnée d'une amélioration des stocks de poissons considéré comme surexploités ou exploités au maximum car cette pratique reste en effet fortement dépendante des stocks de poissons sauvages pour nourrir les élevages	L'aquaculture bio et la pêche responsable certifiée ont vocation à préserver les ressources marines et à protéger l'environnement marin.

20 idées pour agir au quotidien

Idée n°7 : je mange plus responsable sans dépenser plus ou très peu

Si vous avez décidé de manger des produits meilleurs pour votre santé et plus respectueux de l'environnement, cela peut couter plus cher si vous conserver vos habitudes alimentaires car les produits biologiques sont traditionnellement plus onéreux (bien que le coût des externalités négatives n'est malheureusement pas pris en compte pour les produits issus de la culture intensive) en raison du poids de la certification, de la main d'œuvre plus importante et de plus faible taille des exploitations. En revanche, vous vous apercevrez que l'écart de prix de nombreux produits entre un produit issu d'une agriculture durable et un produit conventionnel n'est pas si important que ça et il arrive qu'un produit biologique soit moins onéreux qu'un produit de marque. En tout état de cause, il est possible de manger mieux en conservant son budget si vous modifiez le contenu de vos repas. Pour ce faire, il vous faudra acheter moins de viande et de poisson, de plats préparés, et de boissons sucrées et plus de produits frais, céréales, légumineuses et protéines végétales. Acheter des produits de saisons, directement auprès de producteurs et cuisiner soi-même ses repas permet aussi de faire des économies. Tournez-vous également vers les produits en vrac et les plus grandes portions dont le prix au kilo est plus avantageux.

.

Idée n°8 : je fais attention aux produits de la mer que je mange

Si les produits de la mer ont des qualités nutritionnelles intéressante, le Ministère française de l'Agriculture et de l'Alimentation recommande de limiter à deux fois par semaine la consommation de poissons (et même à deux par mois la consommation de poissons d'eau douce) en raison du risque de contamination par des substances chimiques ais également par des micro-organismes. Si la question de la santé est importante, celui du respect des ressources marines l'est également alors que les techniques de pêche intensives appauvrissent les océans, les polluent dans le cas de l'élevage, réduisent la biodiversité et perturbent les équilibres. Afin d'encourager les filières plus respectueuses de l'environnement, affichez dans un coin de votre maison la listes des espèces à privilégier et celle à éviter (infos sur les sites de Goodplanet, Mr.Goodfish, WWF, Greenpeace notamment) et tournez-vous les produits de la mer avec les labels « pêche durable » (label français d'Agrimer), « Marine Stewardship Council - MSC», « aquaculture biologique », ou « Aquaculture Stewardship Council - ASC». Au restaurant, sachez également que le plat à base de poisson ou produit de la mer n'est pas une alternative au plat avec de la viande si ce qui est dans votre assiette ne provient pas d'un lieu exploité de manière durable, alors privilégiez dans ce cas un plat végétarien.

Si vous souhaitez aller plus loin et réduire totalement votre consommation de produits de la mer, il est facile de trouver des aliments contenants de la vitamine A, D ou B12 par exemple ainsi que des omégas 3 dont les poissons en sont riches. Les carottes, patates douces, courges, épinards, choux vert, laitues, melons, tomates, poivrons rouges, le persil, coriandre et la ciboulette notamment sont riches en vitamines A tandis que 10 à 20 minutes d'exposition au soleil (plus en hiver) permettent une bonne production de vitamine D. Avocats, champignons, œufs et produits laitiers sont également une source de vitamine D. Pour ce qui est de la vitamine B12, il faudra se tourner vers les produits laitiers. Enfin, vous trouvez des omégas 3 dans l'huile de colza, de lin, de chanvre et de germe de blé (mélanger ses huiles avec d'autres pour faire votre sauce salade par exemple), les graines de chia et de sésame, les noix, les œufs et dans une moindre mesure les avocats, les épinards, la laitue, et la mâche.

CHOIX ALIMENTAIRES ET BIEN-ETRE ANIMAL

Comme nous l'avons vu précédent, réduire notre consommation de viande et opter pour des modes d'élevages biologiques plus respectueux de l'environnement pour la production de protéines animales, sous forme de viande, œufs ou produits laitiers est devenue une nécessité et une urgence tant les impacts sur l'environnement sont importants que ce soit au niveau du climat, de la biodiversité ou de la fertilité des sols. Mais au-delà de ces aspects environnementaux, le consommateur, qu'il soit végétarien (un végétarien ne mange pas de viande mais consomme en général des œufs et des produits laitiers) ou non, ne doit pas perdre de vue que le produit qu'il consomme provient d'un animal, c'est-à-dire d'un être vivant, d'un être porteur de vie et non pas d'une simple matière première, d'une simple chose (il a fallu de manière incroyable, attendre le 21e siècle pour que l'animal ne soit plus considéré comme une chose dans notre code civil !). Ceci pose ainsi la question du bien-être des animaux qui, comme le dit si bien Pierre Rabhi, ont été « les créatures compagnes du destin de l'homme ». Et oui, faut-il encore le dire, les animaux sont des êtres sensibles ayant des émotions, pouvant éprouver du plaisir mais également de la souffrance et ayant besoin de mouvement et de liberté et dont les comportements instinctifs et l'alimentation naturelle doivent être respectés.

N'est-il pas pourtant un signe de civilisation, de progrès, que l'homme utilise son intelligence non pas en droit du plus fort par rapport à ceux que l'on peut dominer, mais au contraire pour se préoccuper et avoir de la considération pour leur sort questionne Matthieu Ricard (*plaidoyer pour les animaux* – vidéo de Matthieu Ricard) qui ajoute que notre intelligence unique ne nous donne en aucun cas le droit de disposer de toutes les autres formes de vie comme des instruments pour favoriser nos désirs et notre bien-être (site internet Matthieu Ricard).

Choisir des produits dont la production respecte la condition animale est donc particulièrement important dans une société malheureusement dominée de nos jours par l'élevage intensif et industriel qui ignore totalement l'intégrité de l'animal. « Respecter l'animal, être sensible, c'est conquérir notre dignité. Aimer l'animal, être sensible, c'est conquérir notre humanité » pouvait ainsi on lire dans une lettre adressée par une association il y a quelques années à la directrice de l'UNESCO.

L'élevage industriel, focalisé sur la production, est en effet un véritable échec d'un point de vue environnemental mais également d'un point de vue moral. Entasser des animaux pour le transport durant de longues distances, mettre des animaux en cage sans liberté de mouvement et bien souvent sans voir le jour, séparer les mères de leur progéniture, couper les animaux de la nature, du soleil, de leur instinct que ce soit au niveau de leur reproduction ou de leur vie de groupe, pratiquer la castration à vif, infliger des mauvais traitements de toutes sortes, pratiquer des mutilations, nourrir les animaux pour favoriser la production ou l'engraissement mais en allant à l'encontre de leur besoins naturels, gaver les animaux, tuer les animaux selon certaines pratiques voire certains rites sans prendre en compte la souffrance (certains animaux sont découpés ou ébouillantés encore vivants), laisser les animaux vivre 1/10e de leur espérance de vie naturelle, font en effet tristement partie des réalités de ce système de production. Si certaines personnes ne pouvaient croire de prime abord à l'existence de camps de concentration durant la guerre du fait du tel niveau d'horreur, l'homme, devenu de plus en plus distant de l'animal, refuse désormais d'accepter la réalité concernant la condition animale dans l'élevage industriel et cautionne par conséquent ce qui est intolérable. Que penser en particulier du gavage des oies et des canards, infligeant une souffrance importante aux animaux, pour rendre leur foie malade. Ceci constitue un véritable acte de maltraitance. Alors que l'homme est de plus en plus éloigné de la nature, la distance entre l'homme et l'animal est évidente si bien que les gens ne se posent plus la question de savoir d'où viennent les produits qu'ils consomment. Pour la viande en particulier, le consommateur ne fait plus le lien émotionnellement entre le steak qu'il mange et l'animal, souligne ainsi justement Matthieu Ricard. N'est-il pas ainsi essentiel, fondamental, qu'un enfant, lors de son éducation, puisse visiter une ferme, un élevage et un abattoir ? Car ce qui est loin du regard est loin du cœur. « On reconnaît le degré de civilisation d'un peuple à la manière dont il traite ses animaux » disait ainsi Gandhi. Force est de constater que nous sommes tombés à un niveau tristement bien bas et que l'indifférence envers les animaux n'a jamais été aussi grande.

Lorsque le consommateur achète des produits laitiers, des œufs ou de la viande, il apparaît ainsi plus que nécessaire de privilégier les produits issus d'une agriculture biologique ou d'une agriculture artisanale où l'on a pu constater l'environnement des animaux. Dans un élevage biologique, les animaux ont notamment un espace de liberté minimum à l'intérieur et accès à l'extérieur (avec la possibilité de pâturer pour les ruminants), la densité de population est limité, la nourriture est issue d'une agriculture biologique, les petits sont nourris avec des laits naturels et de préférence avec du lait maternel, le recours à des hormones de croissance tout comme le gavage est proscrit, la reproduction naturelle est recommandée et les animaux peuvent exprimer leurs comportements naturels.

Comme manger de la viande nécessite d'ôter la vie, choisir de ne pas manger de viande est également un moyen pour le consommateur d'éviter de tuer des animaux, choix qui relève de la nécessité ou de l'éthique et des croyances de chacun. Rappelons simplement qu'il est estimé qu'environ 80 milliards d'animaux terrestres sont tués chaque année (soit plus de 2 500 par seconde...) pour la consommation alimentaire. Et il ne s'agit pas cependant pour une très large majorité d'une question de nécessité. Précisons également qu'aux Etats-Unis par exemple, une personne dans un abattoir peut tuer plus 70 000 poulets par nuit ! A ce niveau, nous citerons une prière de tribus de l'Okavango :

Ne sois pas en colère contre moi, créateur de toutes choses ! Oui, j'ai tué une de tes créatures, mais ce n'était que pour nourrir ma famille, condamnée sans cela à mourir de faim... Je lui ai donné la mort non pas par simple plaisir, mais par nécessité ! Et je ne tuerai plus tant que cette viande nourrira les miens...

De même, comme le dit l'activiste américain Gary Yourofsky (auteur du « Discours le plus important de votre vie ») « lorsque manger de la viande n'est pas nécessaire pour survivre, c'est un choix, et nos choix découlent toujours de nos croyances. [...] [Or], Nous mangeons les animaux sans y penser, car le système de croyance qui sous-tend ce comportement est invisible ».

A chacun en tout cas de faire son choix d'être végétarien ou non et les questions de santé concernant le régime végétarien seront abordées dans un prochain chapitre.

Nous conclurons simplement par quelques citations :

« [...] Il est évident que la nourriture normale de l'homme est végétale [...] », Charles Darwin [1]

« Le fait de considérer certains êtres humains comme inférieurs est ce qui a amené les dictateurs à créer des massacres de masse en justifiant le fait qu'il faut se débarrasser de ces êtres. Aujourd'hui, nous continuons de faire des animaux des objets de consommation pour perpétuer ce massacre permanent », Matthieu Ricard

« Nous n'avons pas deux cœurs, un pour les humains, un pour les animaux, on a un cœur ou on n'en a pas » Lamartine

« Il est absurde de limiter la bienveillance aux seuls humains et ne pas considérer qu'il y a d'autres êtres sensibles qui souhaitent rester en vie et éviter la souffrance », Matthieu Ricard

« Ayez le courage de vos opinions, visitez les abattoirs et continuez de manger de la viande si vous n'avez pas le cœur soulevé par ce que vous avez vu ! Il est difficile sinon impossible lorsque l'on sait ce qui se passe dans les abattoirs de continuer de manger de la viande. » Brigitte Bardot

1. (source : "De l'Origine des Espèces ")

« Dans ma jeunesse, les rues étaient pleines de chevaux et d'oiseaux. Ils ont disparu. L'habitant des grandes villes ne voit plus les animaux que sous leur aspect de chair morte qu'on lui vend chez le boucher. La mécanique a tout remplacé. Et bientôt ce sera la même chose dans les campagnes. (...) Maintenant, une vache est un laboratoire vivant (...), le cochon est un produit sélectionné qui fournit une quantité de lard conforme au standard. La poule errante et aventureuse est incarcérée. Sont-ce encore des animaux, des créatures de Dieu, des frères et des sœurs de l'homme, des signifiants de la sagesse divine, que l'on doit traiter avec respect ? Qu'a-t-on fait de ces pauvres serviteurs ? L'homme les a cruellement licenciés. Il n'y a plus de liens entre eux et nous. » Paul Claudel [2]

« Les animaux sont mes amis et je ne mange pas mes amis », Bernard Shaw

« L'homme moderne ne veut plus reconnaitre l'animal qu'il mange, il le veut anonyme sous forme de barquette, de croquette, de viande hachée et de sandwich, Il ne veut plus voir le sang [...] L'animal meurt dans l'indifférence, sans que jamais quelqu'un ne l'ait reconnu ne lui ait donné de la valeur et de l'attention que mérite tout être vivant », Claude Bourguignon.

2. (Bestiaire spirituel, Mermod (1949), pp.127-128)

Tableau de synthèse

	Agriculture, élevage et pêche conventionnels	Agriculture, élevage et pêche durables,
Bien-Etre animal	Environ 30 milliards d'animaux terrestres sont tués chaque année (soit plus de 2500 par seconde…) pour la consommation alimentaire. La question du bien-être animal concerne également les animaux élevés pour la production d'œufs et de produits laitiers.	
	Focalisés sur la production, les principes de l'élevage industriel ne permettent pas de respecter l'intégrité de l'être sensible qu'est l'animal en raison notamment : : - du confinement des animaux sans liberté de mouvement et bien souvent sans voir le jour - de la séparation des mères et de leur progéniture, - de la séparation des animaux de la nature, du soleil, de leur instinct que ce soit au niveau de leur reproduction ou de leur vie de groupe, - de la pratique de la castration à vif et de mutilations diverses - de l'alimentation favorisant la production ou l'engraissement - du gavage de certains animaux - de l'exécution des animaux selon certaines pratiques voire certains rites sans prendre en compte la souffrance - de leur durée de vie limitée à 1/10e de leur espérance de vie naturelle	En matière d'élevage pour la production de viande, d'œufs ou de produits laitiers, la réglementation européenne pour les produits biologiques prend en compte notamment le bien-être animal et le lien avec le sol. L'alimentation des animaux est réalisée à partir de produits issus de l'agriculture biologique et les traitements phytothérapiques et homéopathiques sont privilégiés pour lutter contre les maladies. La gestion des effluents est également prise en compte.

20 idées pour agir au quotidien

Idée n°9 : j'invite mon école ou mon restaurant d'entreprise à passer au bio

Manger bio est important mais permettre à nos enfants de manger bio depuis leur plus jeune âge est encore plus important. Si nous pouvons agir à la maison, il est important que le relai soit pris à l'école où, de la maternelle au lycée, à raison de cinq repas par semaine, chaque enfant va prendre plus de 2000 repas durant sa scolarité. Il est donc important que ces repas soient de qualité, sain et de saison pour le développement et la santé de ces jeunes. De plus, comme environ 8 millions d'élèves sur un peu plus de 12 millions en France, prennent leur repas à la cantine de leur école, l'impact pour la production de ces repas sur l'environnement est important car cela représente près un milliard et demi de repas chaque année. L'impact social en matière de création d'emploi et de revenu pour les agriculteurs est également significatif. Si quelques écoles en France proposent d'ores et déjà des repas utilisant pour plus de 90% des produits biologiques, elles sont encore très minoritaires. Alors comme vous faite partie des 90% de parents souhaitant avoir du bio à l'école, n'hésitez pas à lancer réflexion au sein de l'établissement scolaire de vos enfants. Pour cela, de nombreux organismes et sites sont là pour vous accompagner et vous permettre de constituer un dossier et d'apporter des réponses que soit au niveau de la recherche de fournisseurs, de l'information, des menus ou du budget.

Si vous êtes responsable d'un établissement scolaire, c'est à vous qu'incombe la responsabilité de prendre les choses à bras le corps. Au-delà du coté alimentaire pur, la mise en place d'une cantine bio est une formidable opportunité pour éduquer les jeunes sur les pratiques agricoles, à l'importance de la biodiversité et les sensibiliser aux enjeux environnementaux et sociaux et enfin tout simplement les relier à la terre et les encourager à préserver celle qui nous nourrit.
Et il n'y a de raison que d'autres lieux de restauration collective comme les crèches, les restaurants, les restaurant d'entreprises, les hôpitaux ou les maisons de retraites ne fassent pas la même chose. Alors parlez-en autour de vous, questionnez et si vous être un dirigeant d'un de ces établissements, prenez directement les choses en main
Pour vous renseigner : Agence Bio, Synabio, WWF, FNAB, Un Plus Bio, Fondation Nicolas Hulot, ADEME...

Idée n°10 : j'informe mon entourage que je suis végétarien

Si vous avez décidé de devenir végétarien, assumez pleinement votre choix et ne craignez pas de le dire que ce soit auprès de vos amis, collègues de travail et à votre famille. Lorsque vous en parlez en amont, les personnes qui vous invitent chez eux ne sont ainsi pas surprises si vous ne vous servez que de ce qui accompagne le plat de viande ou de poisson. Vous pouvez également annoncer la nouvelle au moment où vous êtes à table en indiquant que c'est votre choix et que vous respectez le choix des autres. Pensez à préparer un petit ou long laïus à votre guise sur principales raisons pour lesquelles vous avez fait ce choix si on vous interroge sur le sujet. Afin de rendre les choses simples pour les personnes qui vous invitent en présence d'autres convives, indiquez simplement de ne pas modifier leur idée de menu et que vous vous adapterez. Pour ce qui est des déjeuner ou diner d'affaires, vous pouvez annoncer la couleur si l'on vous demande vos préférences en termes de type de restaurant ou simplement vous adapter le cas échéant en choisissant ou en demandant un plat végétarien.

CHOIX ALIMENTAIRES ET SEMENCES

Depuis l'apparition de l'agriculture il y a 10 000 ans, les hommes sèment, observent, sélectionnent, croisent des plantes et échangent leurs semences afin de créer des variétés les plus adaptées à leur environnement. Or, depuis le XXe siècle, le monde agricole a été bouleversé avec l'avènement de l'agriculture intensive qui se focalise sur la culture de seulement quelques variétés de fruits ou légumes (100 espèces représentent 90% des cultures dans le monde alors que l'homme a cultivé environ 7 000 espèces de plantes à travers son histoire [1]) et à partir des années 90 par l'apparition sur le marché des premières plantes génétiquement modifiées particulièrement adaptées au modèle de culture intensive.

Une plante génétiquement modifiée est en fait « un organisme [...] dont le matériel génétique a été modifié d'une manière qui ne s'effectue pas naturellement par multiplication et/ou par recombinaison naturelle » [2]. En d'autres termes, une plante génétiquement modifiée est obtenue en introduisant artificiellement, donc de manière non naturelle, un ou plusieurs gènes d'une autre espèce par

1. FAO http://www.fao.org/biodiversity/fr/)
2. (définition légale Union européenne)

exemple. Les principaux OGM cultivés dans le monde sont : le soja, le maïs, le coton, le colza et la betterave mais nous retrouvons également notamment la tomate, la luzerne, la papaye et la courge.

Or, la culture d'OGM- organismes génétiquement modifiés- pose des problèmes multiples. Tout d'abord, Il est intéressant de souligner que les OGM n'ont pas été inventés pour qu'un légume s'adapte mieux à son écosystème mais simplement pour résister à un herbicide ou pour produire un insecticide qui fait également partie intégrante du modèle de l'agriculture intensive puisque bien souvent ce sont les mêmes entreprises qui fournissent les semences et les pesticides. C'est ainsi que Monsanto, pour ne citer que cette entreprise bien connue, lançait dans les années 70 son fameux herbicide à base de glyphosate (Roundup) puis dans les années 90 son premier OGM résistant à l'herbicide Roundup. Bien vu non ? La culture d'un OGM s'accompagne donc d'une pollution et d'une perte de fertilité des sols ainsi que d'une réduction de la biodiversité liés à l'utilisation de pesticides et de la pratique de la monoculture. Cela pose également le problème du risque de contamination comme cela est déjà avéré avec d'autres espèces cultivées et des espèces sauvages ainsi que le risque de résistances des plantes (près de 500 cas désormais, chiffre en constante augmentation depuis les années 70 [3]) et des insectes (plusieurs cas sont désormais connus) avec pour conséquence un risque de perte de l'équilibre naturel et harmonieux d'un écosystème. De même, qui dit organisme génétiquement modifié dit également organisme breveté ce qui oblige les agriculteurs à racheter chaque année des semences alors que la nature nous a toujours nourrit gratuitement et que les semences font partie du patrimoine de l'humanité. Ce modèle

3. source weedscience

d'achat annuel de semences et de pesticides est également fortement décrié d'un point de vue économique et social dans la mesure où cela rend les agriculteurs dépendants des prix de marché d'achat et de vente. L'endettement croissant auquel souvent doivent faire face de nombreux agriculteurs ne s'accompagne pas pour eux d'un enrichissement mais au contraire d'un appauvrissement année après année.

D'une manière générale, la fabrication d'un OGM est une véritable transgression de la nature qui n'a pas prévu de mélanger des gènes et nous pouvons nous demander à quoi bon vouloir aller contre nature alors que celle-ci, d'une extrême complexité qui nous dépasse largement, relève du Divin. Nous ne savons ainsi pas comment la nature va réagir pour rétablir l'ordre des choses et quels vont être les impacts sur les écosystèmes et sur la santé de l'homme de ces produits génétiquement modifiés. C'est ainsi que les précurseurs de la biodynamie avertissait déjà il y a près d'un siècle que « par ses réactions sur les conditions naturelles de la vie, l'industrialisation moderne devient l'ennemi de l'homme et non pas son allié. Elle est la cause profonde du déclin de la terre, car elle est fausse la mesure juste des rapports avec la nature et poursuit, hors des lois naturelles, une course déréglée » [4].

N'est-il pas plus sage de faire preuve de bon sens en estimant qu'il y a une raison à ce que notre monde et la nature soient tels quels et cesser de jouer les apprentis sorciers pour des raisons purement mercantiles ? Comme le dit Pierre Rabhi, spécialiste de l'agroécologie, vouloir faire croire qu'une agriculture utilisant des OGM et empoisonnant la terre à coup de pesticide est une solution pour nourrir les hommes est « un crime contre l'humanité ».

Alors comment faire pour éviter de consommer des

4. (Pfeiffer p 333)

produits qui sont issus d'une agriculture intensive utilisant des OGM ?

Actuellement, la réglementation en France (commune aux différents Etats de l'Union Européenne) impose un étiquetage d'une mention « contient » ou « produit à partir » d'organismes génétiquement modifiés dès lors que l'aliment destiné à la consommation humaine contient plus de 0,9% d'OGM (ceci s'applique à chaque ingrédient/aliment contenu dans le produit indépendamment de sa proportion dans le produit complet).

Dès lors, le maïs doux est le seul produit autorisé à la vente en tant que tel mais de nombreux produits dérivés à base des principales plantes OGM – soja, maïs, colza, betterave, se trouvent également sur nos étalages. Nous pouvons ainsi en trouver sous forme de farine, semoule, d'huile, de matière grasse, de biscuits apéritifs, de céréales, dans les plats cuisinés (l'amidon de maïs est utilisé comme liant) et dans les produits contenant du sucre.

Notons que depuis quelques années, il existe un étiquetage « non OGM » qui peut être utilisé pour un produit d'origine végétale lorsque ce dernier contient moins de 0,1% d'OGM. De même, acheter un produit d'origine végétale issu de l'agriculture biologique nous garantit que le produit que nous consommons ne détient pas d'OGM (pas plus de 0,9%).

S'il est donc relativement facile d'identifier si un produit d'origine végétale contient ou non des OGM, cela ne l'est absolument pas concernant les produits d'origines animales – la viande, les œufs ainsi que le lait et les produits laitiers, car la réglementation n'impose aucun étiquetage concernant le fait qu'un animal ait été nourri ou non à partir d'OGM (notons qu'il n'y a pas d'autorisation concernant la consommation d'animaux

OGM. Les Etats-Unis ont été les premiers en 2015 à autoriser un saumon OGM pour la consommation humaine). Or, l'alimentation des animaux d'élevage qui prédomine dans nos sociétés repose essentiellement (comme par hasard) sur le soja dont environ 80% de la production mondiale est OGM, le maïs dont environ 1/3 de la production mondiale est OGM et le colza dont environ 1/3 de la production mondiale est également OGM [5]. Si la plupart des pays européens ne permettent pas la culture d'OGM sur leur territoire (l'Espagne et Portugal sont les principaux producteurs), l'Europe est en revanche dépendante pour près de 80% [6] d'importations pour les besoins protéines des élevages. Ainsi, 90% du soja importé, base essentielle de l'alimentation des animaux, est actuellement OGM.

Face à ce constat, seuls les labels Agriculture Biologique ou le label « Sans OGM » permet de garantir qu'un produit d'origine animale n'a pas un lien avec une céréale ou une betterave OGM. L'agriculture biologique interdit en effet la culture de plantes OGM mais également les OGM dans l'alimentation des animaux d'élevage.

Dans le cas des produits de la ruche en particulier, la certification Agriculture Biologique ou le label « Sans OGM » indique que les ruches sont situées à une distance d'au moins 3km de cultures non biologiques et a fortiori de cultures OGM qui utilisent des pesticides.

Par ailleurs, si vous ne voulez pas que vos enfants mangent des aliments OGM tachez de convaincre leur école, si ce n'est pas encore fait, d'avoir une cantine bio car il n'y a aucune obligation pour l'heure en matière de transparence pour la restauration collective.

5. http://www.encyclo-ecolo.com/OGM)
6. (WWF)

Notons que les industriels de l'agroalimentaire ont récemment développé de nouveaux OGM en espérant s'affranchir de la réglementation sur ces produits. Ces nouveaux OGM ne sont ainsi pas obtenus par l'introduction dans l'ADN de la plante d'un gène d'une autre espèce comme dans le cas des OGM actuels, mais en modifiant le génome sans recours à un gène extérieur. Il n'est reste pas moins que ces nouveaux organismes ne sont pas obtenus de manière naturelle et sont des OGM. De ce fait, la Commission Européenne a indiqué que la réglementation OGM en matière d'étiquetage s'applique jusqu'à nouvel ordre à ces nouveaux produits.

Au-delà des OGM, il est important de rappeler au lecteur que le monde agricole a été également marqué au début du XXe siècle par l'invention des variétés hybrides. Une plante hybride est une plante résultant du croisement, via l'intervention humaine, de 2 variétés génétiquement différentes d'une même espèce. Nous parlons ainsi d'hybride F1 lorsqu'il s'agit de la première génération de croisement. L'objectif est ainsi d'obtenir une plante ayant les caractéristiques recherchées de chacune des deux variétés : le goût ou la productivité pour l'une, la résistance aux maladies pour l'autre par exemple. Ceci apporte donc sur le papier des avantages certains mais le fait de procéder à des hybridations de manière industrielle a des contreparties qui posent certains problèmes.

Tout d'abord, les semences issues de plants hybrides ne peuvent pas être réutilisées par l'agriculteur car elles donnent des nouveaux plants aux caractéristiques différentes de celles recherchées qui avaient été obtenues avec la plante initiale et ce, avec des rendements de 20 à 30% inférieurs.

Désormais la majorité des semences agricoles cultivées

sont hybrides [7] et seulement quelques-unes d'entre elles fournissent la très grande majorité des calories destinées à l'alimentation humaine au détriment de la biodiversité. Soulignons à ce niveau que la concentration du marché de semences pose un double problème dans la mesure où 3 entreprises contrôlent plus de 50% du marché des semences et 10 entreprises plus de 75% du marché (ces entreprises fabriquent également généralement des plantes OGM) alors que ces mêmes entreprises sont également présentes de manière concentrée dans la vente de pesticides de synthèse (les principaux fabricants de pesticides contrôlent plus de 90% du marché). Au final, le marché des semences biologiques représente seulement environ 2 milliards de dollars contre plus de 40 milliards de dollars pour le marché des semences conventionnelles.

Notons que si la réglementation actuelle pour la filière biologique permet l'utilisation des variétés hybrides dites à Stérilité Mâle Cytoplasmique (CMS), les instances professionnelles internationales du bio se sont prononcées contre cette utilisation et ne préconisent pas de les utiliser en agriculture biologique. En revanche, dans le domaine de la biodynamie, l'organisme de certification Demeter interdit l'utilisation de plantes hybrides obtenues par des techniques de fusion protoplasmique ou cytoplasmique (PPF) car dès lors que l'on introduit le matériel génétique d'une plante dans une autre cela correspond à une manipulation génétique selon les textes réglementaires européens.

Acheter des produits issus de l'agriculture biologique ne permet ainsi pour le moment pas de s'affranchir totalement de consommer des fruits ou légumes hybrides mais cela

7. (Source Germinance les contacter pour data actualisés et plus precis et précision entre plantes potageres et cereales grandes culture . ou voir semences payannes ou demeter http://www.demeter.fr/presse/informations-generales-sur-demeter/)

permet tout de même de contribuer en partie au maintien du patrimoine génétique des variétés naturelles résultant de 10 000 ans d'agriculture.

Tableau de synthèse

	Agriculture, élevage et pêche conventionnels	**Agriculture, élevage et pêche durables,**
Semences	100 espèces représentent 90% des cultures dans le monde alors que l'homme a cultivé environ 7000 espèces de plantes à travers son histoire. Désormais la majorité des semences agricoles cultivées sont hybrides. 3 entreprises contrôlent plus de 50% du marché des semences et 10 entreprises plus de 75% du marché alors que ces mêmes entreprises sont également présentes de manière concentrée dans la vente de pesticides de synthèse (les principaux fabricants de pesticides contrôlent plus de 90% du marché). La culture d'OGM implique l'utilisation de pesticides et le rachat des semences chaque année par les agriculteurs	
	L'agriculture intensive favorise : - la culture d'un nombre limité d'espèces - l'emploi de plantes hybrides et d'OGM - l'utilisation d'engrais et pesticides de synthèse La concentration du marché des semences crée un rapport de force déséquilibré entre les producteurs et les consommateurs Le fait que les principaux producteurs de semences soient également les principaux fabricants d'engrais et pesticides de synthèse crée un conflit d'intérêt évident qui ne va pas dans le sens de l'intérêt commun ni dans celui du le consommateur. La réglementation n'impose aucun étiquetage concernant le fait qu'un animal a été nourri ou non à partir d'OGM	L'agriculture biologique interdit à la fois la culture de plantes OGM et l'utilisation des OGM dans l'alimentation des animaux d'élevage. Les semences hybrides sont pour le moment permises pour l'agriculture biologique mais sont interdites dans le domaine de la biodynamie Les produits issus de l'agriculture biologique contribuent en partie au maintien du patrimoine génétique des variétés naturelles
Manipulation génétique	la fabrication d'un OGM est une véritable transgression de la nature. Les OGM n'ont pas été inventés pour qu'un légume par exemple s'adapte mieux à son écosystème mais simplement pour résister à un herbicide ou pour produire un insecticide. La réglementation en France (commune aux différents états en Europe) impose l'étiquetage d'une mention « contient des OGM» ou « produit à partir d'organismes génétiquement modifiés » dès lors que l'aliment destiné à la consommation humaine contient plus de 0,9% d'OGM. La réglementation n'impose aucun étiquetage concernant le fait qu'un animal ait été nourri ou non à partir d'OGM. Une plante hybride est une plante résultant du croisement, via l'intervention humaine, de 2 variétés génétiquement différentes d'une même espèce. Les OGM et les plantes hybrides permettent de revendre chaque année les semences aux agriculteurs.	
	- les OGM font partie intégrante du modèle de l'agriculture industrielle dans la mesure où les semences doivent être cultivées avec des pesticides - Les semences hybrides représentent la majorité des semences vendues - L'alimentation des animaux repose essentiellement sur des aliments OGM	- Les semences OGM sont interdites. - Les semences hybrides sont utilisées dans certains cas, en agriculture biologique notamment - Les OGM sont interdits pour l'alimentation des animaux

20 idées pour agir au quotidien

Idée n°11 : je fais l'inventaire des produits secs dans mes placards

Vous avez décidé d'augmenter la part de produits bio que vous consommer mais vous ne savez par où commencer ? Une chose facile à faire est de remplacer petit à petit vos produits secs stockés dans vos placards une fois que vous arrivez à la fin d'un produit. Et vous aurez la bonne surprise de voir que les prix des produits bio ne sont pas toujours plus onéreux que les produits conventionnels. Comme ces produits ont une date de péremption longue, il est également plus facile de les acheter lorsqu'ils bénéficient d'une promotion. Cela concerne, les pâtes, les céréales (riz, boulgour, quinoa...), les légumineuses (lentilles, pois, pois chiches, haricots...), les huiles, les biscuits et produits du petit déjeuner, les farines, les fruits secs, le sucre, les jus de fruits et les herbes aromatiques et épices. Tous ces aliments sont extrêmement faciles à trouver les magasins bio spécialisés ou dans les grandes surfaces. En faisant cette première démarche, vous adoptez ainsi sans effort les bons gestes pour encourager une agriculture respectueuse de l'environnement.

Idée n°12 : je fais mon compost

Si vous avez la chance de disposer d'un potager, il fait grandement du sens de faire son compost à partir des « déchets » de la cuisine (épluchures, marc de café, pain sec, croutes de fromages, fruits et légumes abimés...) et organiques du jardin (tontes de gazon, feuilles, fleurs fanées, tailles de haies...) ainsi que certains déchets de la maison (essuie-tout, journaux, cartons en particulier), le compostage consistant à empiler ces derniers pour qu'ils se décomposent et créent in fine de l'humus. D'une part cela, permet de réduire les quantités de déchets que l'on dispose dans nos poubelles et d'autres part, c'est une excellente manière de nourrir son sol, à cout zéro et de manière naturelle, et d'en améliorer sa fertilité. Un des éléments importants est que le compostage est très accessible. Pour démarrer un compost, vous pouvez opter pour un bac à compost ou un lombricomposteur voire tout simplement empiler les déchets organiques directement en tas sur le sol. Un lombricomposteur, qui utilise des vers de terre pour composter les déchets, peut être installé au pied d'un immeuble, sur un balcon ou une terrasse ou encore à l'intérieur de votre appartement ou du local à poubelle car il a l'avantage d'avoir un volume réduit et de ne pas dégager d'odeurs.
La littérature et les vidéos en ligne sur la mise en place d'un composteur et les aspects techniques du compostage sont abondantes, donc vous n'aurez pas de problèmes pour trouver la solution qui vous convient le mieux.

CHOIX ALIMENTAIRES ET SANTE

Lorsque nous touchons à l'alimentation, tous les spécialistes vous diront que cela a un lien étroit avec notre santé. Dans la mesure où les aliments que nous ingérons permettent de fournir les nutriments et l'énergie nécessaire au développement et au fonctionnement des différents organes du corps et du système immunitaire en particulier, il va de soi que se nourrir est indispensable à la vie et que nos choix alimentaires jouent un rôle dans la prévention de maladies et le maintien d'un bon état de santé physique et mentale ainsi que sur nos capacités cognitives (mémoire, concentration...). Ayons en particulier à l'esprit que le système digestif est le premier organe de défense immunitaire de la fabuleuse machine qu'est l'organisme et que de nombreux troubles fonctionnels (fatigue, dépression, prise de poids...) y sont liés [1].

Dans ce chapitre, nous n'aborderons pas les différents types d'aliments que nous devons consommer afin d'avoir une alimentation équilibrée et diversifiée nécessaire au

1. .(et si tout venait du ventre. http://www.anachronique.fr/blog/?p=441 http://sante.lefigaro.fr/actualite/2012/09/28/19166-pourquoi-faut-il-prendre-soin-notre-flore-intestinale 2.

maintien d'une bonne santé (ceci est largement documenté par les nutritionnistes) mais nous nous concentrerons sur les conséquences du mode d'agriculture pour obtenir ces aliments, et les travers du raffinage de ceux-ci. Nous aborderons également la question du régime végétarien dans la mesure où l'élevage réalisé uniquement pour produire de la viande, de surcroit s'il est fait de manière intensive, a un impact environnemental important et nécessite de tuer des êtres vivants. Enfin nous parlerons de la pratique du jeûne, car ne pas se nourrir durant une certaine période (comme cela était pratiqué déjà à l'époque de la Grèce antique et dans de nombreuses religions), a de multiples bienfaits sur la santé tout en ayant un impact environnemental nul.

Les pesticides

En matière de pesticides utilisés dans l'agriculture (insecticides, herbicides, fongicides, parasiticides), nos choix alimentaires sont particulièrement importants dans la mesure où les substances actives de ces derniers et les molécules issues de leur dégradation sont des polluants persistants. Ils se retrouvent, comme nous l'avons vu, dans les sols (la rémanence de certaines substances est supérieure à 10 ans) mais également dans l'air que nous respirons. Si le comportement des pesticides dans l'atmosphère est encore mal connu, les substances que nous retrouvons dans l'air perdurent des jours, semaines voire des mois après leur application sur les champs[2]. De même, il n'y a pas de réglementation quant à la concentration de pesticides dans l'air. Ces substances se retrouvent également dans les eaux de pluies, le brouillard, les rivières mais également dans les aliments que nous consommons (la principale source d'exposition), qu'ils

---

2. http://www.observatoire-pesticides.gouv.fr/upload/bibliotheque/121747523685433608969151273009/pesticides_contamination_air_2010.pdf

soient d'origine végétale ou animale et dans l'eau que nous buvons. La France par exemple, consommateur important de pesticides pour l'agriculture, utilise en effet plus de 500 molécules de synthèse différentes qui entrent dans la formulation de près de 3 000 produits finis[3] afin de lutter notamment contre les insectes, les champignons et les « mauvaises » herbes.

Selon l'EFSA European Food Safety Authority, environ 45% des aliments d'origine végétale et animale de près de 30 pays en Europe contiennent des traces de pesticides et les études de la DGCCRF en France montre qu'environ 75% des fruits, 40% des légumes et céréales sur le marché français contiennent des résidus de pesticides.

L'eau à usage alimentaire n'est pas épargnée puisque qu'en France par exemple nous retrouvons des résidus de pesticides dans 80% des stations de mesure et dans près de 60% des eaux souterraines. En dépit des traitements de plus en plus coûteux pour le consommateur effectués par les entreprises de distribution d'eau, nous absorbons des pesticides dans les limites fixées par la réglementation (sauf dans quelques exceptions) via l'eau du robinet et également désormais dans certaines eaux en bouteille.

Pour les amateurs de vin en particulier, une étude[4] portant sur plus de 90 vins différents montrait que 100% d'entre eux contenaient des pesticides (les vins bio contenaient également des pesticides mais en quantité bien moindre).

Tout le monde a ainsi virtuellement des pesticides, en plus des multiples autres polluants, dans son corps. Une étude de l'institut de veille sanitaire lnvs[5], portant sur des personnes de 18 à 74 ans en France, montrait que la

3. (source ministère DD)
4. (QueChoisir, 2013)
5. (2013 – Exposition de la population française aux substances chimiques de l'environnement)

population française avait dans ses urines des pesticides organophosphorés (insecticide) dans 29% et 100% des cas selon le type d'insecticides et des pesticides pyréthrinoïdes (insecticides) dans 30% et 98% des cas [6].

Les différentes études sur le sujet montrent également que nous retrouvons, du fait de leur caractère persistant, des pesticides notamment dans le sang, le foie, les organes digestifs, le cerveau, le sperme pour ces messieurs ainsi que dans le placenta et le cordon ombilical pour la femme enceinte.

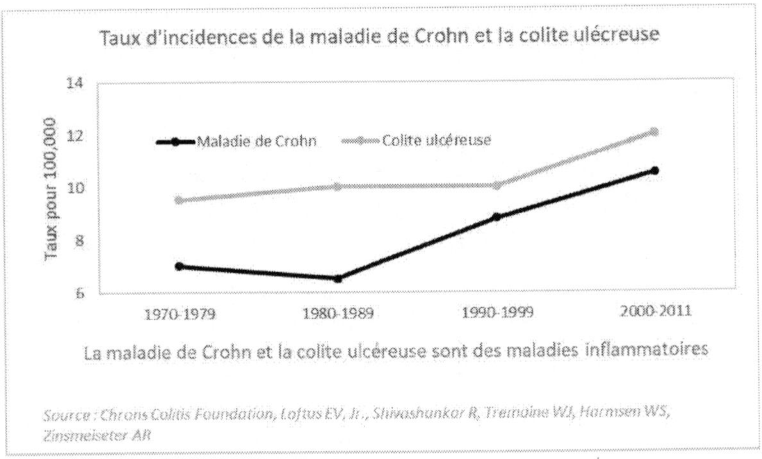

Il ne fait pas de doute que la plupart des pesticides sont des produits toxiques (l'objectif d'un pesticide est de tuer des organismes vivants) dont les effets potentiels sur la santé humaine peuvent être aigus ou chroniques [7]. La littérature scientifique parle ainsi de certains cancers chez les adultes et les enfants, de

6. (http://www.famillequiot.com/blog/article%20Que%20choisir.pdf)

7. http://www.observatoire-pesticides.fr/upload/bibliotheque/000169991394585926033319190570/pirrp_2006.pdf

malformations génitales ou de troubles du développement du cerveau lors d'une exposition dans le fœtus, de troubles de la reproduction, de troubles neurologiques affectant les capacités cognitives, d'un rôle dans l'apparition de la maladie de parkinson et la maladie d'Alzheimer, de troubles du système hormonal (ou endocrinien) alors que les hormones contrôlent des fonctions essentielles de l'organisme (régulation du métabolisme, croissance des cellules, reproduction, équilibre glycémique...), de troubles du système immunitaire [8].

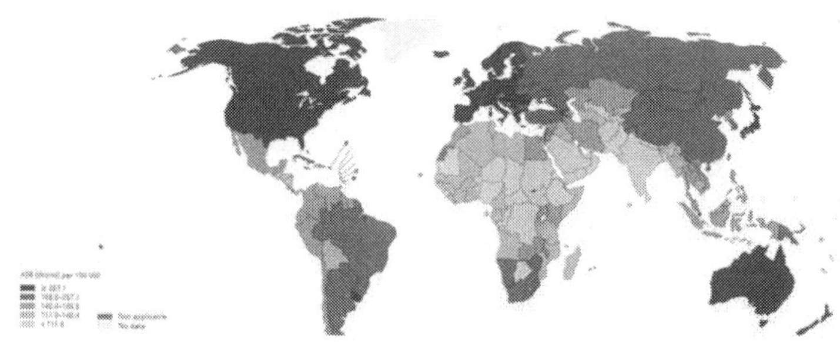

Incidence de cancer chez les hommes et les femmes

Source : Globoscan 2020, IARC, OMS

8. http://www.asef-asso.fr/mon-jardin/nos-syntheses/2124-l-usage-de-pesticides-quelles-consequences-pour-la-sante Evaluation de l'exposition théorique des nourrissons et des enfants en bas âge aux résidus de pesticides apportés par les aliments courants et infantiles AFFSA

Evolution des nouveaux taux de cancers du sein (pour 100,000 habitants)

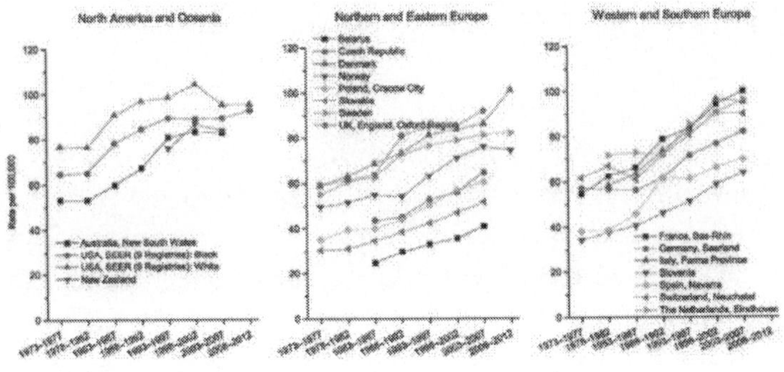

NB : Les statistiques sur d autres types de cancer et dans d'autres régions montrent des tendances similaires.
Source : Lindsey A. Torre, Rebecca L. Siegel, Elizabeth M. Ward and Ahmedin Jemal

Si les agriculteurs ou les personnes résidant près des zones agricoles sont les sujets les plus à risque, la question des résidus de pesticides dans les aliments est également un sujet. En effet, la réglementation impose des limites maximales de résidus de pesticides (les LMR) pour chaque denrée alimentaire et dans l'eau destinée à la consommation qui sont établis selon les études scientifiques sur les animaux et prenant en compte le régime alimentaire. Mais ces fameuses LMR sont uniquement définies substance par substance et les études portent uniquement sur des animaux et certaines espèces d'animaux dans certaines conditions. Si l'expérimentation animale indique des pistes, il est ainsi difficile (impossible selon les experts) de prédire ce qui peut se passer chez l'homme notamment sur le long terme[9]. De même, ceci ne prend pas en compte la toxicité des produits

9. (Theo Colborn)

en présence d'adjuvants (comme c'est le cas dans la réalité) ainsi que l'effet « cocktail » c'est-à-dire les synergies potentielles entre plusieurs pesticides ou avec d'autres substances chimiques (un Européen héberge malheureusement désormais des centaines de produits chimiques dans son corps). Certaines études ont ainsi montré que la toxicité d'un pesticide peut être beaucoup plus importante si l'on prend en compte plusieurs adjuvants et qu'un mélange de molécules est plus toxique que chacune prise séparément [10].

David Servan Schreiber, médecin engagé dans la lutte contre le cancer a il étant atteint (avant d'y succomber), docteur ès sciences en français, professeur de psychiatrie et écrivain (ses livres « Anti cancer » et « Guérir » ont notamment été vendus à plus d'un million d'exemplaires chacun à travers le monde), n'hésitait pas à affirmer que si les pesticides ne déclenchaient pas des mutations génétiques générant des tumeurs comme dans le cas de l'amiante par exemple, ils favorisent en revanche l'apparition ou le développement de cellules cancéreuses qui auraient pu être éliminées grâce aux défenses naturelles du corps qui veillent au quotidien en sachant que notre système digestif est souvent considéré comme le premier organe de défense immunitaire chez l'homme [11].

Enfin, les effets, pourtant connus depuis longtemps, de la perturbation du système hormonal (ou système endocrinien) ne sont pas pris en compte (sûrement le fruit des différents lobbys de toutes sortes, les autorités européennes tardent à s'accorder sur une définition exacte des perturbateurs endocriniens) ce qui est particulièrement

10. http://www.inra.fr/Chercheurs-etudiants/Alimentation-et-nutrition/Tous-les-dossiers/Effets-cocktails-des-substances-toxiques/Effet-cocktail-des-pesticides
http://www.e-sante.fr/pesticide-ca-va-trois-bonjour-degats/blog/365#ECEr3dsWj6x7jpKI.99
11. (PAGE 48 GUERIR LA TERRE)

problématique pour la femme enceinte car cela a des incidences sur la santé du fœtus (malformation, diabète, cancer du sein ou de la prostate, troubles cognitifs...). Les hommes ne sont également pas épargnés puisque les études montrent un lien entre les perturbateurs endocriniens (contenu notamment dans les pesticides) et la perte de fertilité masculine (baisse du nombre de spermatozoïdes et de la qualité du sperme notamment). Notons en particulier que si la réglementation fixe une quantité limite de résidus de pesticides pour les produits infantiles, il n'y a pas de LMR spécifiques pour les aliments courants consommés par les enfants en bas âge [12]. Par ailleurs, si l'on considère que la réglementation européenne en matière de LMR est l'une des plus exigeantes en matière de protection du consommateur, imaginez la situation dans les autres pays. Comme le rappelle l'agroécologiste Pierre Rabhi, quand on passe à table, il vaut désormais mieux se souhaiter bonne chance que bon appétit...

Choisir des produits issus des filières de type agriculture biologique, biodynamie, permaculture ou agroécologie par exemple, n'utilisant pas de pesticides de synthèse et de manière exceptionnelle des pesticides d'origine naturelle permet d'encourager une agriculture moins polluante, plus durable et ainsi de réduire la quantité de polluants rejetés dans l'environnement auxquels les agriculteurs ou les personnes résidant aux alentours des zones d'agriculture peuvent être exposés (les écoles notamment) et de ne pas ingérer (ou beaucoup moins en tout cas) de résidus de pesticides par le biais des aliments qui se retrouvent dans notre flore intestinale, nos urines, notre sang, notre cerveau, nos tissus graisseux, ou encore le lait maternel

12. (Evaluation de l'exposition théorique des nourrissons et des enfants en bas âge aux résidus de pesticides apportés par les aliments courants et infantiles AFFSA)

et le placenta. Ceci est particulièrement important pour les femmes enceintes et les enfants qui ne sont pas de « petits adultes ». Une étude de l'Inserm récente portant sur plus de 3 000 femmes-enfants sur 4 ans en Bretagne indiquait notamment que 97% femmes [sur plus de 400 échantillons] avaient des traces de pesticides (une cinquantaine de produits étaient analysés) dans leur urines et 50% avaient plus de 5 composés. De même, une étude américaine portant sur plus de 300 mamans (de 25-35 ans) résidant dans différentes régions montrait que plus de 90% d'entre elles avaient des traces d'au moins 1 insecticide. Enfin, une autre étude nord-américaine a montré qu'une alimentation à partir de produits biologiques permettait de réduire significativement le taux de pesticides dans les urines des enfants de 3-6 ans [13]. Dans le cas des produits de la mer, il est important de souligner qu'il n'existe pas de LMR en Europe pour les pesticides alors que ceux-ci sont utilisés dans les élevages conventionnels notamment contre le traitement des poux et autres parasites et que les eaux sont également déjà contaminées par les pesticides notamment issus de l'agriculture intensive. Les poissons ingurgitent également des pesticides via les produits végétaux issus de cultures conventionnelles et via les poissons sauvages (principe d'accumulation des polluants) qu'on leur administre.

L'élevage

Selon les instances internationales, la majorité des nouvelles maladies (70% selon la FAO [14]) qui ont touché l'homme sur les dernières décennies ont pour origine des animaux ou des produits d'origine animale et un nombre important d'entre elles ont la capacité de se propager

13. (Effect of Organic Diet Intervention on Pesticide Exposures in Young Children Living in Low-Income Urban and Agricultural Communities).

14. World livestock 2003- rapport agriculture 2009

sur des distances importantes. Une situation préoccupante qui s'ajoute à la problématique de l'accroissement de la résistance aux antibiotiques au niveau mondial fortement utilisés en élevage intensif.

Partant de ce constat, l'élevage et le mode d'élevage en particulier jouent donc un rôle primordial pour la santé humaine. Les risques provenant de l'élevage pour la santé humaine proviennent essentiellement des maladies contractées par les animaux qui sont transmissibles à l'homme et les maladies d'origines alimentaires. Or, le confinement d'un nombre important d'animaux d'élevages d'une même espèce, la volonté de faire croitre rapidement les animaux, la réduction du nombre d'espèces élevées qui implique un patrimoine génétique réduit et l'utilisation importante d'antibiotiques sont autant d'éléments favorables à l'émergence et la propagation de maladies, le risque le plus grave étant celui de la pandémie.

L'utilisation massive d'antibiotiques de manière préventive et en guise de traitement dans l'élevage industriel pour lutter contre les bactéries et les infections virales ou parasitaires crée en effet de nombreuses bactéries résistantes qui sont sources de contamination des animaux et des humains notamment par le biais de la chaine alimentaire et pour lesquels nous avons de moins en moins de moyen de traitements. Il n'est pas étonnant que la résistance aux antibiotiques constitue actuellement pour les experts une des plus grandes menaces pesant sur la santé au niveau mondial.

Nous nous souvenons ainsi de la crise de la vache folle dans les années 90 résultant de l'absorption de farines animales (issues de carcasses de cadavres !) par les ruminants en substitution aux protéines d'origines végétales. Or il est intéressant de noter que le père de la biodynamie indiquait au début du siècle dernier que si le bœuf, en tant que végétarien, mangeait de la viande cela aurait des conséquences sur son cerveau et qu'il deviendrait fou. Si nous ne mangeons pas de viande, nous sommes également confrontés à d'autres super bactéries qui peuvent contaminer la chaine alimentaire et l'environnement, issues des élevages en raison notamment du stress et de la perturbation du système digestif des animaux. La transmission des maladies peut se faire également d'homme à homme comme c'est le cas du virus H1N1 (grippe porcine) ou du virus responsable du SRAS (syndrome respiratoire aigu sévère) par exemple dans les années 2000 qui a donné lieu à véritable épidémie diffusée dans près de 30 pays. Or les virus H1N1 et H5N1 (grippe aviaire transmissible à l'homme) et celui responsable du SRAS sont des exemples de crises sanitaires dont on doit le développement et le passage à l'homme uniquement à l'élevage intensif. Et ceux-ci ne sont que quelques exemples parmi les nombreux autres virus à potentiel pandémique qui existent. Au global, plus de 200 maladies transmissibles à l'homme, causées par des virus, bactéries ou parasites ont ainsi été identifiées.

Face à cette situation, une alimentation saine, une réduction du nombre d'animaux sur une surface donnée, un respect du rythme et du bien-être de l'animal, des conditions permettant de renforcer les défenses immunitaires, l'utilisation de traitements homéopathiques et phytothérapiques et l'utilisation d'antibiotiques uniquement de manière curative et dans certaines limites apparaissent comme des solutions qui devraient être la règle. C'est pourquoi il est important pour les consommateurs de viande de privilégier les filières d'élevage biologique, dont la charte est en phase avec les éléments décrits ci-dessus, afin de contribuer à réduire les risques de maladies au sein des élevages et l'apparition et la propagation de maladies transmissibles à l'homme.

Dans le cas des produits de la pêche en particulier, l'utilisation d'antibiotiques en aquaculture conventionnelle accroit également le risque de résistance de bactéries qui peuvent être potentiellement dangereuse pour l'homme. Antibiotiques qui se retrouvent également dans la chair des poissons même si les proportions ne dépassent pas (sauf exception) les limites maximales de résidus fixées par la réglementation européenne.

Soulignons également que l'élevage intensif s'accompagne, de par l'usage des engrais de synthèse, d'une pollution des eaux qui entraine le cas échéant une prolifération d'algues le long des côtes maritimes dont les rejets gazeux lors de la décomposition s'avèrent très nocifs pour la santé humaine pouvant aller jusqu'au décès.

Enfin, nous l'avons vu, l'agriculture intensive et l'élevage en particulier jouent un rôle important dans le changement climatique. Or, des études montrent que l'augmentation de la concentration du CO_2 dans l'atmosphère associée aux modifications des températures s'accompagne d'une augmentation de la quantité de pollen produit ainsi que d'un accroissement du pouvoir allergisant de ce dernier [15].

Cette situation est particulièrement préoccupante dans la mesure où de nombreuses personnes sont concernées par des allergies et que l'asthme (résultant essentiellement d'allergies) est l'une des principales maladies chroniques de l'enfant dans les pays industrialisés. De même, selon les scientifiques, le changement climatique a et aura des conséquences sur la santé en raison notamment des conditions climatiques extrêmes engendrées (vagues de froid ou de chaud, inondations...), de l'augmentation des

15. (F.B. Bernard et P. Demoly de l'Académie de médecine http://www.rac-f.org/Impacts-indirects-du-CO2-sur-la).

risques de maladies transmisses par les moustiques comme le paludisme ou la dengue.

Qualité nutritionnelle et « vitalité »

Choisir des produits non issus de l'agriculture conventionnelle peut être également un gage d'un apport plus important de certains antioxydants ou acides gras comme les fameux omégas 3. Certaines études suggèrent que l'objectif de croissance des plantes par exemple se fait au détriment de la concentration de certains nutriments. A ce titre, une étude américaine portant sur plus de 50 années a montré que la teneur moyenne en minéraux, vitamines et protéines des légumes avait diminué de 5% à 40% en précisant que les légumes et les fruits étaient une des principales sources de nutriments [16].

Notons également que le raffinage des céréales, du sucre ou des huiles réduit fortement la quantité de fibres ainsi que de vitamines et minéraux de ces aliments. Outre l'apport des vitamines et minéraux pour l'ensemble de l'organisme, nous savons que les fibres et micro-nutriments apportés par l'alimentation jouent un rôle important pour le bon fonctionnement de la flore intestinale qui abrite de très nombreux micro-organismes (bactéries, virus, champignons, parasites) et tient une place centrale pour la digestion des aliments et pour notre système immunitaire. Dès lors qu'une flore intestinale est mal nourrie, elle ne pourra exercer ses fonctions de manière optimale, rendant notre organisme plus sujet au développement de diverses maladies (asthme, maladie de Crohn, diabète, obésité, cancer, autisme, dépression...) et allergies de toutes sortes qui sont des réactions excessives de notre système immunitaire. Avant d'incriminer les pollens ou les acariens

16. (http://depthome.brooklyn.cuny.edu/anthro/faculty/mitrovic/davis_2009_food_nutrient.pdf) https://organic-center.org/reportfiles/Nutrient_Content_SSR_Executive_Summary_2008.pdf

présents naturellement sur Terre, il faut peut-être plutôt se demander pourquoi nous ne sommes plus à même de lutter contre certains agents extérieurs. Le fait que la fréquence des allergies ou de l'asthme en particulier chez les jeunes enfants ait fortement augmenté ces dernières années devrait sérieusement nous interroger et remettre en question nos modes de vie [17].

A ce titre, si de plus en plus de personnes font une intolérance au gluten en particulier, ce n'est ainsi pas nécessairement l'ensemble des protéines qui composent le gluten qui sont en cause mais plutôt notre capacité à les digérer et à les assimiler.

Gardons à l'esprit que le microbiote intestinal se forme dès la naissance au contact de la maman et qu'il est déjà influencé par le mode d'accouchement (voie basse ou césarienne). Il se construit ensuite au fil des ans sous l'influence notamment de l'environnement, de notre alimentation (allaitement ou non, diversification alimentaire, qualité des aliments...) et des traitements médicaux (les antibiotiques luttent contre les mauvaises bactéries mais déséquilibrent également la flore intestinale). En particulier, différentes études indiquent que la petite enfance constitue une étape cruciale dans le développement du système immunitaire du futur adulte.

Dans le cas du pain par exemple, les pains biologiques sont généralement faits avec de la farine complète ou de la farine bise, permettant ainsi de conserver les nutriments (le levain généralement utilisé facilite également l'assimilation des minéraux et la dégradation du gluten), alors que les pains non bio, généralement raffinés, voient la concentration en nutriments fortement

17. (http://www.pediatre-online.fr/acquisitions/laugmentation-de-frequence-des-allergies/ http://sfa.lesallergies.fr/sfa/epid%C3%A9miologie-de-lasthme-de-lenfant http://www.allergienet.com/wp-content/uploads/2013/04/e-bidat2006-enfant-allergie-alimentaire1.pdf + nombreuses autres sources)a

amoindrie. De même, un sucre bio, généralement complet, contient une multitude de vitamines et minéraux alors qu'un sucre non bio, généralement raffiné, ne contient quasiment plus aucune vitamine et minéraux. Dans le cas des huiles, l'extraction de l'huile des graines se fait par pression à froid pour les huiles biologiques alors que l'extraction par solvant et le raffinage (réalisé grâce des opérations chimiques notamment pour la désodorisation, la coloration et la texture), traditionnellement utilisés pour les huiles non biologiques, sont interdites par la réglementation qui encadre les produits biologiques. Conséquence, le taux de vitamines E est fortement réduit dans le cas des huiles raffinées par rapport aux huiles biologiques. Par ailleurs, le raffinage des huiles dégrade les acides gras -oméga 3 et 6- qui deviennent néfastes pour la santé. Les formes géométriques des molécules sont transformées de CIS en TRANS dont une consommation supérieure à 2% de l'apport énergétique total, selon les études, est associé au déséquilibre entre le bon et le mauvais cholestérol et à une augmentation des risques cardiovasculaires [18]. Les acides gras 'trans' ont également un impact négatif sur la mémoire, peuvent entrainer des comportements agressifs ou dépressifs et sont suspectés de favoriser certains cancers, du sein, du colon et de la prostate notamment [19].

L'impact du raffinage des aliments sur la santé est également mis en évidence par les travaux de Louis Claude Vincent sur le lien entre la notion de « terrain » (notion de milieu intérieur chère à Claude Bernard) d'une

18. https://www.anses.fr/fr/content/les-acides-gras-trans

19. (http://www.silver47.eu/raffinage.html http://www.mariefrance.fr/equilibre/sante/lactu-au-scalpel/le-mauvais-gras-nuit-a-la-memoire-des-lage-de-20-ans-187482.html http://www.la-sante.info/index.php/component/k2/item/20-les-acides-gras-trans-responsables-de-l-agressivite.html http://www.futura-sciences.com/sante/actualites/medecine-cancer-sein-acides-gras-trans-fortement-suspectes-15218/)

personne et sa santé. Louis Claude Vincent a en effet cartographié les maladies développées selon 3 paramètres physico-chimiques du sang, de la salive et des urines : le ph (mesure du degré d'acidité d'un milieu), le rH2 (mesure du pouvoir oxydo-réducteur) et la résistivité (rô : mesure la capacité à résister au courant électrique ; plus une solution contient de minéraux plus sa résistivité est faible). Lorsqu'une personne est en bonne santé, ces paramètres se maintiennent dans une certaine fourchette tandis qu'une maladie influe sur ces différents paramètres. Ainsi, selon le terrain de la personne, qui peut être déterminé par la valeur des paramètres évoqués ci-dessus, correspond à un milieu plus ou moins favorable au développement d'un type de maladie plutôt qu'un autre. Le sens des évolutions permet ainsi d'anticiper les pathologies possibles qui sont favorisées et de pouvoir donc y remédier le cas échéant en rajustant les paramètres vers les niveaux caractéristiques de la bonne santé. Ainsi, un cancer se caractérise par un sang moins acide (donc plus alcalin), oxydé et présentant une résistivité inférieure au niveau d'équilibre (bonne santé) tandis qu'une cirrhose du foie est caractérisée par un sang plus acide et réduit. De même, les maladies microbiennes sont caractérisées par un milieu moins acide et réduit (pouvoir réducteur) et les allergies par un milieu acide et oxydé. En parallèle, une cartographie des aliments (et d'éléments externes comme le stress ou la pollution chimique...) a été réalisée, l'idée étant de consommer des produits ayant des caractéristiques agissant à l'opposé des tendances du sang dès lors que les paramètres de ce dernier s'éloignent de la zone de bonne santé. Ainsi, les légumes ou fruit crus bio sont dans une zone opposée à la zone des maladies types virales ou cancers. Inversement, les études réalisées montrent qu'une tomate, carotte ou un abricot issu d'une agriculture conventionnelle a un potentiel réducteur moindre que les produits biologiques et que, les produits raffinés comme le pain blanc, le sucre blanc ou les biscuits apéritifs sont dans la même zones que les maladies de type virales ou cancers.

Consommer des produits issus de l'agriculture biologique veut également dire consommer moins d'additifs alimentaires. Ils sont utilisés pour la conservation, la coloration, la texture ou encore le goût des aliments. Environ ¼ d'entre eux pourraient être dangereux pour la santé (troubles intestinaux, tension artérielle, réactions allergiques, problèmes cutanés, hyperactivité, cancer...) en fonction de la quantité ingérée sur le long terme. En effet, si plus de 300 additifs sont autorisés dans l'alimentation conventionnelle, environ 50 seulement le sont pour les produits biologiques. Ces additifs sont de surcroit généralement d'origine naturelle et leur utilisation est beaucoup plus restrictive que dans l'alimentation traditionnelle. Pas de colorants, exhausteurs de goût ou arômes de synthèse artificiels, particulièrement montrés du doigt pour leurs effets négatifs probables sur la santé, dans les produits biologiques. Ceci ne pourra qu'inciter les parents à donner, avec parcimonie, des bonbons biologiques à leurs enfants alors que les bonbons traditionnels sont un concentré d'additifs alimentaires et sont fait en grande majorité avec de la gélatine obtenue à partir de carcasses d'animaux, principalement de porc. Dans les produits biologiques, la texture de gomme est créée généralement avec de l'agar-agar obtenu à partir d'algues. Très récemment, une étude de l'INRA [20] a notamment pointé du doigt le colorant E171 (dont les autorités n'ont pas établi de dose journalière admissible) présent dans un grand nombre de bonbons conventionnels en raison de troubles du système immunitaire et de lésions

20. INRA, 2016 http://presse.inra.fr/Communiques-de-presse/Additif-alimentaire-E171

du colon (stade avant le développement d'une tumeur) observés chez le rat exposé à cet additif.

Il apparait clairement qu'un cocktail de colorants, arômes, édulcorants (dont l'aspartame), conservateurs, émulsifiants et autres acidifiants n'est pas de nature à favoriser la bonne santé de l'enfant ainsi que celle de l'adulte.

L'épigénétique, domaine portant sur la modulation de l'expression des gènes, a montré que les différents types de gènes contenus dans notre ADN sont plus ou moins actifs dans une cellule selon si cette cellule est une cellule du cœur ou du foie. Il est ainsi désormais connu que l'expression des gènes (le fait qu'ils deviennent actifs, inactifs ou ralentis) varie également en fonction de notre comportement : activité physique, gestion du stress ou état d'esprit mais également l'alimentation [21]. Les experts indiquent d'ailleurs que les habitudes alimentaires d'une personne peuvent s'accompagner de modifications d'expression des gènes qui seront conservées lors de la copie de nos gènes dans le processus de division cellulaire, lesquels peuvent être le cas échéant transmis à ses enfants [22]. Des études ont ainsi montré que l'alimentation de la femme enceinte et allaitante avait une influence sur l'expression future des gènes de l'enfant et joue un rôle dans l'apparition de certaines maladies (diabète, hypertension...). D'autres études ont révélé également que l'exposition des souris à certains pesticides a entrainé des changements d'expression des gènes menant à différentes maladies pendant plusieurs générations [23].

De même, des chercheurs ont trouvé que près de

21. (http://www.nutri-culture.fr/epigenetique-joel-de-rosnay/)

22. (https://www.planetesante.ch/Magazine/Actualites-et-recherche/Recherche-et-nouveaux-traitements/La-nutrition-a-une-influence-capitale-sur-nos-genes).

23. . (https://www.ncbi.nlm.nih.gov/pmc/articles/PMC4109920/ https://www.ncbi.nlm.nih.gov/pubmed/15933200).

50 gènes (dont 7 liés à la synthèse du cholestérol) d'une zone de l'intestin des poulets s'exprimaient différemment selon qu'ils étaient nourris avec des produits issus de l'agriculture biologique ou de l'agriculture conventionnelle.

Au-delà des éléments explicités précédemment, il est intéressant de considérer la notion de vitalité des aliments. Cette notion de vitalité se base sur le fait qu'une graine qui est devenue un légume ou un fruit a subi les influences de son environnement, des forces cosmiques (à l'instar de l'influence du cycle de la lune sur les marées), et se retrouve animé d'une « force de vie », « intelligence créatrice » qui l'a poussée à se développer selon une forme bien déterminée. Dès lors, un aliment n'est pas simplement la somme de ses protéines, glucides, lipides, vitamines, minéraux ou gènes qui le composent car il faut également une force de vie, d'animation, de structuration pour qu'il devienne ce qu'il est.

Cette notion d'énergie de vie, de force vitale se retrouve d'ailleurs au cœur de la médecine traditionnelle chinoise (qui intègre 5 disciplines : l'acupuncture, la diététique, les massages, les plantes médicinales et les exercices liés aux mouvements comme le Qi Gong et le Tai Ji Quan) ou de la médecine ayurvédique indienne pratiquées depuis des millénaires. Ces médecines reposent en effet sur le principe fondamental que les êtres vivants sont animés d'une intelligence, énergie ou force vitale dont l'équilibre ou la bonne circulation pour ce qui est de l'être humain est le garant de sa bonne santé. Selon ce concept, certains aliments, en plus de leur fonction biochimique, ont également un rôle plus subtil en tonifiant, calmant, chauffant ou refroidissant certains organes dont l'énergie stagne ou s'accumule ou au contraire est en excès, l'objectif étant d'assurer une bonne circulation de cette énergie.

Les précurseurs de l'agriculture biodynamique ont d'ailleurs été les premiers à vouloir mettre en évidence les forces de vie, dynamiques formatrices qui s'opposent aux processus de vieillissement naturel. Les premières expérimentations se sont ainsi portées sur le sang humain avant d'être transposées au domaine viticole puis à l'ensemble du secteur agroalimentaire. La technologie utilisée est celle de la cristallisation sensible qui permet de faire cristalliser le produit étudié. La structure, la forme et l'organisation des cristaux obtenus sont ensuite sujets à interprétation. Selon une des spécialistes dans le domaine, Marie France Tesson, les images cristallines obtenues reflètent notamment des perturbations énergétiques et une déviation de la trajectoire d'un cristal correspond à une modification dynamique[24]. Dans le domaine de la santé, des études ont ainsi montré un lien entre certaines pathologies et certaines caractéristiques cristallines[25]. Dans le domaine viticole, la cristallisation sensible est utilisée pour identifier une pathologie, juger de l'impact d'une pratique culturale ou de l'efficacité d'un traitement, ou encore les qualités gustatives, la stabilité et l'aptitude au vieillissement d'un vin avant sa mise en bouteille.

De nombreuses expérimentations ont également été réalisées pour comparer les pratiques agricoles (agriculture biologique, biodynamie, culture intensive...) et agroalimentaires (raffinage des aliments, type de cuisson, mode de conservation, congélation...). Ainsi selon Marie France Tesson, la pratique de l'agriculture intensive ou chimique aboutit globalement à une perte de vitalité des aliments[26]. De même, le raffinage (non autorisé en agriculture biologique), le procédé de conservation

24. (p99, cristallisation sensible MF Tesson)

25. (http://www.kristallisationslabor.ch/fileadmin/kristallisationslabor/Flyer_Fr.pdf)

26. (p240, cristallisation sensible MF Tesson)

UHT (Upérisation à Haute Température ou Ultra Haute Température) utilisé pour le lait notamment ou la cuisson au micro-onde altèrent sensiblement la vitalité d'un aliment (pour ceux qui veulent en savoir plus, je ne peux qu'inviter le lecteur à étudier les écrits de Margarethe Chapelle, de Marie Françoise Tesson ou de Jean Georges Barth.

D'autres méthodes de mesure de la « vitalité » d'un être vivant ont ensuite vu le jour. Les travaux du biophysicien Fritz-Albert Popp, docteur en physique théorique (plus de 150 publications dans le domaine de la physique et de la biologie) et inventeur du terme « biophoton », (particule de lumière d'origine biologique) ont ainsi mis en évidence l'émission de lumière par les cellules des êtres vivants et la communication de ces dernières avec d'autres cellules dans le sens où elles modifient leur niveau énergétique et déclenchent des réactions biochimiques. Les recherches dans ce domaine ont ainsi montré que la cohérence, l'intensité et le rythme des émissions variaient d'une personne à l'autre selon leur état de santé (en particulier, les personnes atteintes d'un cancer ont des émissions de photons déséquilibrées). Dans le domaine agricole et agro-alimentaire, certaines études menées visant à mesure l'énergie des aliments ont montré des différences entre les différents types de cultures (biologique, biodynamique, conventionnelle), les types de semences, les produits issus des animaux selon leur alimentation et l'impact des modes de conservation des aliments[27].

On peut aussi citer en particulier les travaux du Dr Konstantin Korotkov (publication de plus de 200 articles dans des revues de physique et de biologie et auteur de près de 10 livres) sur l'énergie, émise par les êtres vivants,

27. (http://www.itab.asso.fr/downloads/programmes/methodes-globales-web.pdf http://www.arbdyn.ch/Dossiers/BIOPHOTONS-002.pdf)

laquelle est mesurée par l'émission d'électrons et de photons. La technique développée par le professeur (dont le précurseur était Semyon Kilian dont les travaux ont porté sur la fluorescence des objets et êtres vivants) acceptée par le monde scientifique, est notamment reconnue par le Ministère de la Santé russe et est utilisée par plus de 1 000 médecins et chercheurs dans le monde.

Dans le domaine de la santé, les appareils de mesure de l'» énergie » d'une personne ont ainsi pour objectif de fournir des analyses aux médecins sur la base du fait que, selon Korotkov, la variation de l'énergie est la première indication de notre santé, bien être et état mental et que les symptômes arrivent bien après des désordres au niveau de notre champ d'énergie[28]. Selon la formule d'A. Einstein : Energie = m(matière)c2 ou matière =Energie/c2. Si Korotkov indique que « chaque plante dispose d'une énergie, et cette énergie communique avec notre énergie »[29], les études portant sur les aliments ont permis de mettre en évidence des différences d'énergie entre les variétés et les types de culture (biodynamie, conventionnelle...) et le mode de fertilisation par exemple[30].

Demandons des produits biologiques à l'école ! Si une alimentation saine est importante pour l'adulte, elle l'est encore plus pour l'enfant qui n'est pas un petit adulte. Ceci ne peut que pousser les parents à transformer la cantine des écoles de leurs enfants en cantine totalement bio (ou quasiment à 100% comme cela est le cas déjà dans certains établissements) alors que les objectifs du gouvernement en France en matière de restauration collective ne sont que de

28. (Talk for Food Conversations : Konstantin Korotkov https://www.youtube.com/watch?v=6CvroiCQWrQ)

29. (https://www.youtube.com/watch?v=t_khhNDSlig)

30. (http://www.itab.asso.fr/downloads/programmes/methodes-globales-web.pdf http://www.arbobio.com/Stages2011/ABI-154.pdf)

20% de produits bio d'ici à 2020.

Régime végétarien

Nous l'avons vu, réduire sa consommation de viande est plus respectueux de l'environnement que ce soit au niveau des rejets de CO2, de la déforestation, des ressources en eaux ou de la pollution des sols et des rivières. C'est aussi une manière de respecter la vie des êtres vivants et sensibles que sont les animaux. Il en est de même pour notre consommation de produits de la mer si l'on considère la surexploitation des ressources marines et l'impact de l'aquaculture conventionnelle sur les écosystèmes marins. Adopter un régime végétarien, qui implique la consommation de produits végétaux comme les fruits, les légumes, les légumineuses (lentilles, pois, haricots, fèves...) et les céréales et de produits provenant des animaux (produits laitiers, œufs...), est donc une solution face aux problématiques environnementales, à la question du bien-être animal et du respect du vivant sans que cela ne nuise à notre santé, au contraire. Si le passage à un régime végétarien peut pour certains, se faire du jour au lendemain, il se fait souvent par étapes pour d'autres en augmentant au fur et à mesure le nombre de repas végétariens durant la semaine par exemple (en particulier, l'association végétarienne de France propose une méthodologie sur plusieurs semaines basée sur les travaux de l'association américaine Physicians Committee for a Responsible Medicine qui regroupe plus de 12 000 médecins et 150 000 membres). Entendons-nous bien, se passer de viande et produits de la mer veut dire consommer des fruits et légumes issus d'une agriculture respectueuse de l'environnement et ne contenant pas (ou très peu) de pesticides.

Au niveau de la santé, les nombreuses études sur le sujet montrent qu'un régime végétarien, qui se caractérise en général par la consommation de moins d'acides gras saturés (présents dans la viande notamment) et de plus de fibres et de certains micronutriments, permet de réduire les risques de prise de poids ou d'obésité, de maladies cardio-vasculaires (les végétariens bénéficient d'un taux de cholestérol et de mauvais cholestérol moins élevé que les consommateurs de viande), de diabètes de type 2 (le plus fréquent et le plus sensible à l'alimentation et qui se caractérise par une incapacité à réguler la glycémie ; une glycémie trop élevée favorisant les problèmes cardiovasculaires), de cancers (côlon, prostate, pancréas et sein en particulier, différentes études mettant en cause les viandes rouges en priorité mais également les viandes transformées comme la charcuterie et les saucisses), de calculs rénaux et d'ostéoporose (les protéines animales sont plus acidifiantes que les protéines végétales).

Un régime végétarien est donc bon pour la santé dès lors qu'il est bien mené car une alimentation équilibrée visant à apporter tous les nutriments et l'énergie dont le corps à besoin pour fonctionner est la base pour ne pas courir de risque de carence. A ce titre, l'association américaine de diététique (Academy of Nutrition and Dietetics http://www.eatright.org/), a de nouveau en 2016 donné son opinion [31] sur les régimes végétariens en indiquant que « une alimentation végétarienne, y compris végétalienne, correctement conçue, est saine, suffisante d'un point de vue nutritionnel et peut présenter des avantages pour la santé dans la prévention et le traitement de certaines maladies. Ces régimes sont adaptés à tous les stades du cycle de vie, y compris la grossesse, l'allaitement, l'enfance, l'adolescence, l'âge adulte et les athlètes ». Comme pourrait le dire chaque diététicien, un bon régime végétarien se caractérise par une alimentation équilibrée et

31. (en 2016 : Position of the Academy of Nutrition and Dietetics : Vegetarian Diets)

variée.

Concernant le sujet des protéines en particulier, fortement présentes dans la viande ou les poissons, il est important de préciser que les Occidentaux en consomment d'ores et déjà en excès et qu'un régime végétarien, par l'apport de protéines végétales, permet d'atteindre ou d'excéder les besoins quotidiens en protéines et d'apporter tous les acides aminés essentiels que le corps ne peut pas synthétiser.

De même, un régime végétarien équilibré et varié permet tout à fait de subvenir à ses besoins en matière de vitamines, minéraux ou d'acides gras (omégas 3/6/9) que ce soit au niveau du fer, de la vitamine D (en particulier, 5 à 15 minutes d'exposition au soleil permettent de produire une quantité quotidienne suffisante, le soleil étant source importante) mais également de la vitamine B12, micronutriments présents dans la viande et/les produits de la mer et qui sont logiquement pointés du doigt lorsqu'une alimentation végétarienne n'est pas correctement bien conçue.

Notons également qu'une alimentation végétarienne est parfaitement possible pour les enfants même les tout petits (on soulignera à ce niveau l'importance de l'allaitement maternel) tout comme pour les sportifs de haut niveau (de nombreux athlètes dans différents sports ont adopté un régime végétarien ce qui ne les a pas empêchés pour certains d'être médaillés olympiques à l'instar notamment du champion de ski alpin Bode Miller, végétarien bio depuis sa naissance).

Quelques personnalités (par ordre alphabétique) qui ont été ou sont devenus végétariennes :

Al Gore, Alanis Morissette, Albert Einstein, Benjamin Franklin, Bill Clinton, Bode Miller, Cyril Dion, Hubert Reeves, Isaac Newtown, James Cameron, Jean Jacques

Rousseau, Julien Doré, Léon Tolstoï, Léonard de Vinci, Mark Zuckerberg, Martina Navratilova, Matthieu Ricard, Mélanie Laurent, Michel Sardou, Moby, Mohandas Karamchand Gandhi, Montaigne, Nikola Tesla, Novak Djokovic, Omraam Mikhaël Aïvanhov, Paul McCartney, Paul Watson, Platon, Pythagore, Rudolf Steiner, Socrates, Steve Jobs, Theodore Monod, Thomas Edison, Voltaire.

Le Jeûne

Si la qualité de l'alimentation joue un rôle important pour notre santé, le fait de choisir de ne pas s'alimenter, à l'exception des boissons, pendant une certaine durée a également des effets bénéfiques en raison du processus d'élimination en profondeur des toxines du corps (au niveau des organes digestifs, du sang, des artères...) et d'auto-guérison naturelle du corps (le jeûne a également des vertus au niveau de l'esprit et du mental). C'est ce qu'on appelle jeûner, approche qui a été pratiquée de tout temps depuis l'antiquité et dans de nombreuses religions. Le jeûne est d'ailleurs également pratiqué par de nombreux animaux non seulement pendant la période d'hibernation mais également instinctivement lorsqu'ils sont malades ou blessé. A ce titre, le spécialiste français Yvon Le Maho (CNRS, membre de l'Académie des Sciences) indique que l'homme dispose des mêmes dispositions d'adaptation que les animaux en matière de jeûne en ajoutant au passage que le corps est mieux adapté à la carence en nourriture qu'il ne l'est à l'excès. Un jeûne peut aller de 24h à plus de 40 jours. Illustre personnage de la désobéissance civile, Gandhi, a pratiqué le jeûne (jusqu'à 21 jours) tout au long de sa vie. Chacun s'accordera que Gandhi était une véritable force de la nature tant au niveau physique que mental, tout en étant hautement spirituel.

Lors d'un jeûne, le corps qui ne peut plus utiliser la nourriture dans l'estomac se met en quelque sorte en état d'alerte et va donc puiser les ressources dont il a besoin dans ses réserves. Notons que si la formation de réserves est un processus naturel de survie, la création de trop de réserves induites par une alimentation trop riche et le manque d'exercice physique encrasse également le corps ouvrant ainsi la voie à l'apparition de certains maux. Ainsi, mettre ses organes digestifs au repos et puiser dans ses réserves permet d'éliminer en profondeur les toxines. De manière très synthétique, lorsque nous absorbons des aliments, la transformation des sucres en glucose lors de la digestion permet d'apporter de l'énergie aux cellules, de fabriquer des protéines et également de fabriquer du glycogène qui est stocké dans le foie, fabuleux organe pour le corps, et les muscles. Ainsi, lorsque nous cessons de manger et qu'il n'y a plus d'apport de sucre, le corps puise dans les réserves du foie (lesquelles sont épuisées au bout de 24h) puis dans les stocks de graisses et de protéines (muscles notamment).

Il est intéressant d'expérimenter le fait que lorsque l'on effectue un jeûne par exemple, nous ne ressentons pas la faim mais un besoin quasi vital d'odeurs et de saveurs que les aliments sont à même de nous apporter. Il est d'ailleurs intéressant de noter que notre sens du goût, lorsque celui-ci est bien éduqué et que nous sommes à son écoute, nous informe de manière assez précise lorsque nous avons suffisamment mangé. Lorsque ce signe vient de l'estomac, c'est en fait qu'il est déjà trop tard.

Le jeûne peut être court ou diététique (inférieur à 7 jours), moyen c'est-à-dire entre 7 et 14 jours ou thérapeutique au-delà de 2 semaines.

La pratique du jeûne peut donc être réalisée de manière préventive afin de rester en bonne santé (notons en particulier que le jeûne est bénéfique aux futures mamans, avant d'être enceintes bien évidemment, mais également pour la préparation physique et mentale des sportifs. Yannick Noah, vainqueur de Rolland Garros, a d'ailleurs toujours été un adepte du jeûne) mais également de manière curative pour de nombreux maux : typhoïde et tuberculose à l'époque où sévissaient ces maladies, polyarthrite rhumatoïde, inflammations chroniques, diabète de type 2, certains eczémas, limitation des crises d'épilepsie, hypertension, trouble du sommeil... Des recherches laissent également espérer un rôle positif du jeûne dans la longévité en bonne santé, la maladie d'Alzheimer et dans la lutte contre le cancer soit en prévention soit en adjuvant d'une chimiothérapie (pour plus d'info : Thierry de Lestrade, Valter Longo).

Le jeûne thérapeutique a en tout cas été popularisé en Europe par le docteur allemand Otto Buchinger au début du XXe siècle après qu'il se soit soigné par le jeûne d'une polyarthrite rhumatoïde. La 3e génération gère désormais 2 cliniques en Allemagne et en Espagne accueillant depuis plus de 40 ans plus de 3 000 personnes chaque année. Selon le spécialiste du jeûne, Thierry de Lestrade, plus de 15% de personnes en Allemagne, où une dizaine d'hôpitaux offrent des cures (parfois remboursées), indiquent avoir jeûné au moins une fois dans leur vie.

La méthode Buchinger consiste à ne prendre que des boissons durant la journée : tisanes, eau coupée avec un peu de jus de fruit et bouillon de légumes clair. Il recommande aussi de faire de l'exercice afin de favoriser le maintien musculaire même si dans un jeûne l'on perd sa graisse avant de perdre ses muscles.

Aux Etats-Unis, le jeûne a également été popularisé par Herbert Shelton au XX siècle qui a étudié des dizaines de milliers de jeûneurs au cours de sa vie et a écrit de nombreux ouvrages notamment sur le jeûne (ces écrits ont inspiré Gandhi), l'alimentation et la santé. La Russie explore également depuis plus de 40 ans les bienfaits du jeûne qui est devenu un élément important de la politique de santé publique [32].

Les bienfaits d'un jeûne sont aussi indéniables, sur la base de l'expérience des jeûneurs, au niveau psychologique : focus sur l'essentiel, amélioration du bien-être, de la confiance en soi et de la créativité, meilleure résistance au stress, esprit plus clair, développement de l'espace intérieur, l'esprit communautaire (lorsque le jeûne est pratiqué en groupe bien évidemment) et de la tolérance.

32. (reportage Arte https://www.youtube.com/watch?v=IQhWFrjeRVg)

Tableau de synthèse

	Agriculture, élevage et pêche conventionnels	Agriculture, élevage et pêche durables,
Santé	Si certaines maladies ont disparu ou presque, de nouveaux maux se répandent dans nos sociétés dont certains sont en lien avec la dégradation de notre alimentation et de l'environnement. Au final, en France, les dépenses en matière de soins ne cessent d'augmenter années après années et représentent plus de 14% du budget annuel des ménages.	
	- Les pesticides répandus dans les champs ou les résidus de pesticides que l'on retrouve dans les aliments sont impliqués dans de nombreuses maladies que ce soit auprès des agriculteurs ou des personnes résidant proches des lieux des zones agricoles ou auprès des personnes qui consomment les aliments. - L'élevage industriel favorise l'apparition de nouvelles maladies. Selon les instances internationales, la majorité des nouvelles maladies qui ont touché l'homme sur les dernières décennies ont pour origine des animaux ou des produits d'origine animale -Le raffinage des céréales, du sucre ou des huiles par exemple réduit fortement la quantité de fibres et de vitamines et minéraux des aliments. - De nombreux additifs alimentaires (plus de 300 sont utilisés) favorisent l'apparition de diverses maladies.	Généralement, ces modes de culture sont un gage d'un apport plus important de certains antioxydants ou acides gras comme les oméga 3 et d'une meilleure "vitalité" des aliments. Le raffinage des céréales, du sucre ou des huiles n'est pas permis en agriculture biologique. Seuls 50 additifs alimentaires sont autorisés pour les produits biologiques et sont de surcroit généralement d'origine naturelle et utilisés de manière plus restrictive que dans l'agriculture conventionnelle

20 idées pour agir au quotidien

Idée n°13 : j'achète moins emballé et moins transformé

Si un produit transformé et emballé comporte des avantages, son impact en matière d'émission de gaz à effet de serre car cela demande plus d'énergie. Ainsi, regardez si vous pouvez facilement trouver des substituts à ces produits en utilisant des produits frais et des produits non transformés. Certes il vous faudra faire un peu plus de cuisine mais le résultat gustatif sera incomparable. Dans les magasins, optez également pour les produits peu emballés ou en vrac plutôt que les produits avec beaucoup d'emballage qui contiennent les mêmes aliments et cela vous fera faire des économies par la même occasion. Evitez également les doses individuelles et préférez les portions plus importantes.

Idée n°14 : je filtre mon eau

Un des avantages de boire de l'eau en bouteille par rapport à celle du robinet est le goût. Un autre est celui d'avoir des quantités de minéraux stables et connues. En revanche, le transport des bouteilles est peut écologique en raison des émissions de gaz à effet de serre induites. Dès lors, si vous souhaitez privilégiez l'eau du robinet, tout en vous assurant de ne pas consommer des résidus de pesticides ou médicamenteux ou de chlore utilisé pour le traitement de cette dernière, vous pouvez choisir de filtrer votre eau. Vous pourrez dans ce cas bénéficié d'une eau très pure, bénéfique pour la santé et avec un gout retrouvé. A vous de choisir le meilleur type de système de filtration qui vous convient (carafe, sur le robinet ou directement sur la canalisation ou non). Un conseil, si certains types de filtration, rejettent une partie de l'eau filtrée, récupérez la pour arroser vos plantes dans votre jardin.

CHOIX ALIMENTAIRES ET BUDGET

Oui, les produits issus de l'agriculture biologique, de l'agriculture biodynamique ou de la permaculture sur les rayons des magasins sont plus chers que les produits conventionnels lorsque que l'on raisonne produit par produit, bien que la comparaison ne soit pas toujours évidente car les produits ne sont pas toujours directement comparables en raison des variétés proposées selon les types d'agricultures et leur composition nutritionnelle. La qualité a logiquement un prix qui reflète notamment le coût d'un recours plus important à la main d'œuvre, le coût plus élevé des produits naturels pour la lutte contre les maladies, le coût de la certification comme pour l'agriculture biologique et les économies d'échelle moindres liées à la taille de la filière par exemple.

Notons également que la comparaison entre le coût des produits des filières durables et celui des produits issus de l'agriculture industrielle est biaisé. En effet, les prix des produits conventionnels sur les étalages ne prennent pas en compte les externalités liées aux dommages environnementaux (pollution des eaux qui nécessite des traitements coûteux qui se retrouvent au final dans la facture d'eau, dégradations des sols, émissions de CO2 liées à l'utilisation des énergies fossiles pour la fabrication des engrais et pesticides, réduction de la biodiversité...), les subventions (l'essentiel des aides dans le cadre de la Politique Agricole Commune est destiné à l'agriculture conventionnelle) ou l'impact sur la santé avec les coûts qui en découlent.

D'autre part, consommer des produits issus des filières durables ne signifie pas nécessairement que l'on dépense beaucoup plus lorsque l'on change son alimentation en réduisant notamment la consommation de viande et de poisson, en les remplaçant par des protéines végétales moins onéreuses (haricots rouges, noix, pois chiche, épeautre, quinoa, boulgour (blé), sarrasin, millet, riz, soja, lentilles, avoine, fèves, haricots, chanvre, graines de courge, amandes, noix, noisettes, ...). Le soja et les céréales peuvent être consommés sous forme de steak, un steak végétal apportant autant de protéines qu'un steak de viande. Les œufs (deux œufs apportent autant de protéines qu'un steak de 100 g) ou les produits laitiers (100 g de comté par exemple apporte autant de protéines qu'un steak de bœuf) dont le rapport prix/protéine est plus intéressant sont aussi une bonne alternative. En utilisant des produits plus complets et moins transformés, en réduisant ses achats de plats préparés, en cuisinant plus à partir de produits bruts, en consommant des céréales demi-complètes ou complètes (vous ne serez pas rassasiés de la même manière lorsque que vous mangez un pain complet ou un pain blanc), vous n'augmenterez pas votre budget. Il est de même pour le riz ou les pâtes alimentaires et en achetant des produits en vrac. Cultivant son jardin pour ceux qui ont la chance d'avoir une petite parcelle de terre, consommer des produits de saisons ou en acheter des produits au plus près des producteurs (marchés locaux, AMAP...) sont également des solutions. Adhérer auprès d'une Association pour le Maintien d'une Agriculture Paysanne permet de recevoir des paniers composés de fruits et légumes de saison, œufs, fromages ou viande de manière hebdomadaire par exemple directement de la part du producteur. Plus d'info sur http://www.reseau-amap.org/).

Il convient également de souligner que pour un pays comme la France, le budget annuel des ménages pour l'alimentation (produits alimentaires et boissons non alcoolisées) n'est « que » de 10% (sur les 10 dernières années ; le budget atteignait 23% dans les années 60) de la totalité des dépenses annuelles (source Insee ; ce chiffre étant plus élevé pour les ménages dont le revenu est plus faible). Précisons en particulier que les dépenses pour la viande et le poisson représentent près de 20% du budget d'alimentation.

Ainsi, payer par exemple 10% ou 20% plus cher tous ses produits pour son alimentation (le budget pour l'alimentation passerait simplement de 10% à 11% ou 12% du total) tout en mangeant moins de viande et de poisson, n'a finalement qu'une incidence limitée sur le budget global.

Notons en parallèle que les soins en matière de santé (dépenses directes en soins et en assurances santé plus la partie prise en charge par les administrations publiques, c'est à dire par les contribuables) représentent plus de 14% de la dépense effective total des ménages. Nous dépensons donc plus pour nous soigner que pour nous nourrir ! Il ne fait aucun doute que fournir aux citoyens des produits alimentaires de meilleure qualité et préservant l'environnement permettrait de prévenir un grand nombre de maladies et réduire ainsi la facture en termes de soins.

Tableau de synthèse

	Agriculture, élevage et pêche conventionnels	Agriculture, élevage et pêche durables,
Prix/Budget	Comparé un à un, les produits biologiques sont logiquement plus chers que les produits conventionnels. Cependant, pour une véritable comparaison des prix, il faudrait réintégrer dans les produits conventionnels les coûts environnementaux et les subventions. Remplacer la viande ou le poisson par des protéines végétales est un des moyens de réduire le budget de ses dépenses alimentaires.	
	les prix des produits conventionnels sur les étalages ne prennent pas en compte les externalités liées aux dommages environnementaux (pollution des eaux qui nécessite des traitements coûteux qui se retrouvent au final dans la facture d'eau, dégradations des sols, émissions de CO_2 liées à l'utilisation des énergies fossiles pour la fabrication des engrais et pesticides, réduction de la biodiversité…), les subventions ou l'impact sur la santé.	La qualité a logiquement un prix qui reflète notamment le coût d'un recours plus important à la main d'œuvre, le coût plus élevé des produits naturels pour la lutte contre les maladies, le coût de la certification comme pour l'agriculture biologique et les économies d'échelle moindres liées à la taille de la filière par exemple.

20 idées pour agir au quotidien

Idée n°15 : j'élève mes enfants avec une nourriture saine et durable

S'il est important de s'alimenter avec des produits sains issus d'une agriculture durable, il l'est encore plus pour ces enfants et en particulier partir durant le plus jeune âge ainsi que durant la grossesse car les effets des substances nocives que l'on retrouve dans les aliments conventionnels ont un impact sur leur développement et leur santé. Ainsi, si vous n'avez pas encore opté pour une alimentation biologique, le fait d'avoir un enfant est un bon moment pour changer ses habitudes et ce dès la grossesse. Il existe dès à présent tout une gamme de produits biologiques dès le plus jeune âge et qui a-t-il de meilleur et de plus simple qu'une purée cuisinée avec de bons légumes bio. Sachez qu'il est également possible d'élever un enfant avec peu de protéines animales voire avec un régime végétarien, à l'instar du multiple champion olympique de ski Bode Miller, pour ne citer que lui, élevé à partir de produit biologique dès sa naissance. Mais attention, il ne faut pas faire n'importe quoi afin d'éviter d'éventuelles carences alors renseignez-vous auprès d'associations (françaises et étrangères) spécialisée dans le végétarisme, n'oubliez pas également que l'allaitement a de nombreuses vertus sur la santé des jeunes nourrissons, parlez-en à votre pédiatre et n'oubliez pas que si la nature met à disposition tout ce dont l'homme a besoin, une alimentation diversifiée et équilibrée est la clé d'une alimentation saine.

Le fait de donner des aliments issus d'une agriculture biologique est également un excellent moyen de sensibiliser vos enfants aux enjeux environnements et sociaux et de leur montrer qu'il existe des alternatives saines pour se nourrir.

Idée n°16 : je crée un potager à l'école de mes enfants

Tous les enfants n'ont pas la chance de bénéficier d'un potager dans son jardin ou sur son balcon, alors pourquoi ne pas leur donner l'occasion de se lier à la terre, de les sensibiliser à la complexité et l'ingéniosité de la nature, de leur faire comprendre l'importance de la biodiversité et du fait de nourrir la terre qui nourrira ensuite la plantes, d'avoir la joie de voir pousser les légumes ou fruits qu'ils ont plantés et de les consommer et tout simplement de s'émerveiller face à la beauté de la nature. Certaines écoles bénéficient d'ores et déjà d'un potager, géré et entretenu par les élèves, et dont certains utilisent du compost créé à partir des déchets organiques de la cantine. Lors de l'appel à projets Potagers et jardins pédagogiques lancé par le gouvernement en France en 2016, plus de 1000 écoles ont été lauréats de l'opération et bénéficié d'une aide. Mais rien ne vous empêche de lancer un tel projet sans aide externe dans l'école de vos enfants. De nombreuses informations sont accessibles sur le sujet et vous pouvez également contacter des établissements ayant d'ores mis en place un potager pour le bonheur des élèves.

L'AGRICULTURE DE DEMAIN

L'agriculture intensive, l'élevage et la pêche industriels sur lesquels les sociétés dites développées se sont reposées majoritairement depuis l'après-guerre a certes permis d'augmenter la quantité de nourriture produite mais au prix de nombreuses conséquences néfastes sur l'environnement, la productivité future, l'intégrité des animaux, les équilibres économiques, le vivant, le rôle des paysans et la santé des gens. Par ailleurs, il faut avoir à l'esprit que si la productivité mesurée par la quantité produite en fonction du nombre de personnes travaillant sur une surface donnée est clairement en faveur de l'agriculture industrielle, les études montrent que les exploitations familiales sont plus productives lorsque l'on raisonne en termes de quantité produite sur une surface donnée [1].

De même, le recours à des engrais et pesticides de synthèse dans les pays en voie de développement, où l'agriculture est dominée par des petites exploitations ne peut être une solution adéquate dans la durée. Au niveau mondial, on comptabilise ainsi près de 600 millions d'exploitations agricoles dites familiales,

1. (https://www.youtube.com/watch ?v=Em9wQDdwrks&feature=youtu.be)

c'est-à-dire gérées par une personne ou une famille, lesquelles représentent 90% des exploitations au total et 70% à 80% des terres agricoles [2]. La reproduction du modèle dominant mis en place dans les pays riches ne doit pas être la marche à suivre.

« Je constate que certaines des priorités devant être suivies à l'échelle mondiale sont des priorités qui servent principalement les intérêts du secteur privé, de l'agro-industrie, que ce soit les fournisseurs d'engrais, de pesticides ou de semences, sans que l'on réalise le risque de dépendance accru des petits agriculteurs par rapport à ces entreprises très concentrées et qui sont localisées dans les pays industrialisés. [...] En raison du manque de budget nécessaire pour compenser 30 ans de sous-investissement dans certains pays, les gouvernements font appel à des entreprises du secteur privé qui a actuellement une influence très importante dans la manière dont l'agenda politique est défini sur les questions agricoles », Olivier de Schutter [3].

Concernant l'élevage en particulier, les systèmes de production industriels, intensifs pour la plupart, représentent un peu plus des 2 tiers de la production mondiale de viande de porc et de volaille, 60% de la production d'œufs et plus de la moitié de la production de porc. Dans les pays développés, ces chiffres sont évidemment malheureusement encore plus élevés [4].

Ainsi, il apparaît évident et urgent de changer notre système de production de denrées alimentaires avec comme socle la notion de durabilité. A ce titre, je ne peux souscrire, comme certains experts, aux arguments de certains industriels indiquant que leur mode de

2. (source FAO http://www.fao.org/3/a-i4040f.pdf)

3. https://www.youtube.com/watch?v=Em9wQDdwrks&feature=youtu.be

4. (http://www.fao.org/docrep/012/i0680f/i0680f.pdf)

production intensive est une solution pour nourrir le monde. En effet, si fournir des protéines aux personnes sous alimentées (environ 800 millions de personnes dans le monde sont toujours concernées, soit environ 10% de la population mondiale essentiellement dans les pays en développement en Asie et en Afrique notamment [5]) peut être une solution temporaire, elle ne peut en aucun cas être considérée comme une solution durable, d'avenir, ni pour les populations concernées ni pour les autres. Ainsi, la solution n'est pas dans l'agriculture intensive mais dans l'intensification de la production agricole durable comme l'indiquait un expert de la FAO [6]. Pour nourrir le monde, il ne suffit pas de produire plus, mais de produire davantage de manière durable tant au niveau de l'environnement que des populations qui doivent avoir les moyens de leur subsistance. A ce titre, il serait d'ailleurs souhaitable que l'homme entame une réflexion sur son développement en tant qu'espèce dans un milieu fini car si la population des espèces animales (ou végétales) s'autorégule en fonction de la surface de leur territoire et de la nourriture disponible, il apparaît que nous nous développons dans certaines régions de manière non pérenne, en produisant de la nourriture et/ou en exploitant les ressources de manière non durable à l'instar de la croissance économique qui a été créée dans de nombreux états grâce aux déficits publiques et au recours excessif à l'endettement. L'élastique semble d'ailleurs déjà avoir été plus qu'étiré à son maximum. Certaines études indiquent notamment que la population devrait commencer à se réduire de manière contrainte à partir de 2030 [7].

5. http://www.fao.org/3/a-i4646f.pdf

6. (http://www.fao.org/news/story/fr/item/9971/icode/)

7. (2052 : A global forecast for the next forty years http://www.2052.info/wp-content/uploads/2014/01/p120801-2052-A-global-forecast-15p-illustrated-CPSL.pdf http://www.2052.info/wp-content/uploads/2013/12/o121013-The-2052-

Si certains affirment que la Terre est en mesure de nourrir l'ensemble de l'humanité actuellement, la question de notre développement va, me semble-t-il, bien au-delà de ce simple aspect car l'homme a besoin de bien d'autres choses pour son bien-être et notamment d'un certain espace vital. A l'heure actuelle, il y a ainsi déjà plus de 50 terriens par km² de terre émergée, c'est-à-dire sur bande de 1 000 mètres de long sur 1 000 mètres de large, et ce en sachant que de nombreux endroits sont totalement inhospitaliers. Le nombre de terrien par km² s'élève ainsi à plus de 100 en France, 200 en Allemagne et plus de 1 200 au Bangladesh. De nombreuses villes hébergent plus de 10 000 habitants par km². Pour des questions de biodiversité, a minima, l'homme a également besoin de conserver des zones vierges ou quasi vierges, pourvues d'une riche biodiversité. Pouvoir ressentir la nature et vivre son propre émerveillement sont des choses importantes, pour ne pas dire essentielles. Il suffit de d'aller dans les grands espaces où la nature a gardé sa force ou de se balader dans un arboretum par exemple pour s'en rendre compte. Comment pouvons-nous imaginer en effet un monde qui serait totalement urbanisé ? Ne serions-nous pas en effet plus heureux si certaines villes étaient 2 ou 3 fois moins grandes, s'il y avait 2 ou 3 fois moins de monde dans le métro, sur les routes ou sur les plages, si les côtes était 2 ou 3 fois moins bétonnées, s'il y avait 2 ou 3 fois moins de déchets à traiter, si l'air ou nos rivières étaient 2 ou 3 fois moins pollués et si nous avions la possibilité dans les zones urbaines d'avoir un logement d'une surface suffisante qui permette réellement à une famille entière de s'épanouir et de recevoir ses amis ?

Si nous considérons la Terre comme une île, ce qui est le

Forecast-Pestel- InstitutSlides.pdf Is global collapse imminent? Graham Turner http://sustainable.unimelb.edu.au/sites/default/files/docs/MSSI-ResearchPaper-4 _ Turner _2014.pdf) cas à l'échelle de l'univers, la réflexion ne doit plus être, « je poursuis un développement à tout prix en compromettant l'avenir des générations futures » mais plutôt « comment dois-je me développer en fonction des ressources et des pratiques durables disponibles ? ».

Il apparaît clairement que l'agriculture doit faire partie des éléments fondamentaux qui doivent imprimer notre rythme de développement. Pour ce qui est de l'alimentation des populations, nous avons ainsi besoin d'une agriculture qui est résolument durable à la fois pour l'environnement, les consommateurs et les producteurs.

Selon les principes reconnus lors du Sommet de la Terre à Rio en 1992, l'agriculture durable est en effet un système de production agricole respectueux de l'environnement, produisant des aliments sains, étant économiquement et socialement viable et assurant une saine gestion des ressources pour les générations actuelles et suivantes.

Plus précisément, nous avons besoin de :

– Une agriculture qui respecte les équilibres et les forces du vivant,

– Une agriculture qui fabrique du sol, limite l'érosion et augmente sa porosité au lieu l'épuiser et in fine de le détruire,

– Une agriculture qui favorise la biodiversité des fruits et légumes cultivés et des races d'animaux élevées mais également de la faune et de la flore à la surface et dans le sol,

– Une agriculture qui favorise la biodiversité des semences,

– Une agriculture qui ne dissocie pas l'élevage et la culture de fruits et légumes. Le fumier est essentiel pour la fertilité des sols et inversement, la culture de protéines végétales est fondamentale pour l'alimentation des animaux,

– Une agriculture qui n'est pas dépendante, autant que faire se peut, des énergies fossiles,

– Une agriculture qui préserve la qualité des eaux (rivières, mer, océans),

– Une agriculture qui ne se focalise pas uniquement sur l'augmentation des volumes produits mais qui fournit des produits, diversifiés favorables au maintien d'une bonne santé,

– Une agriculture qui respecte les ressources en eau,

– Une agriculture qui respecte les ressources marines,

– Une agriculture qui respecte les saisons,

– Une agriculture qui préserve les forêts,

– Une agriculture qui favorise l'autonomie,

– Une agriculture qui favorise la lutte contre le changement climatique,

– Une agriculture qui respecte les êtres sensibles que sont les animaux,

– Une agriculture qui n'oublie pas le rôle fondamental de l'agriculteur pour nourrir l'humanité et lui permette de vivre dignement (revenus suffisants, endettement supportable et vertueux, droits aux vacances...),

– Une agriculture qui garantit la disponibilité d'un large éventail d'aliments et assure leur accessibilité,

– Une agriculture qui ne se traduit pas par l'accaparement des terres par une minorité mais qui favorise l'accès de l'agriculteur au foncier,

– Une agriculture qui ne créé et n'entretient pas un rapport de force déséquilibré envers l'agriculteur,

– Une agriculture qui n'accentue pas les disparités entre les pays du Nord et les pays du Sud,

– Une agriculture qui respecte le vivant, qui ne vise pas à breveter le vivant et n'utilise pas d'OGM,

– Une agriculture qui préserve ou améliore la beauté des paysages,

– Une agriculture qui crée du lien social,

– Une agriculture qui maintient notre lien à tous avec la terre.

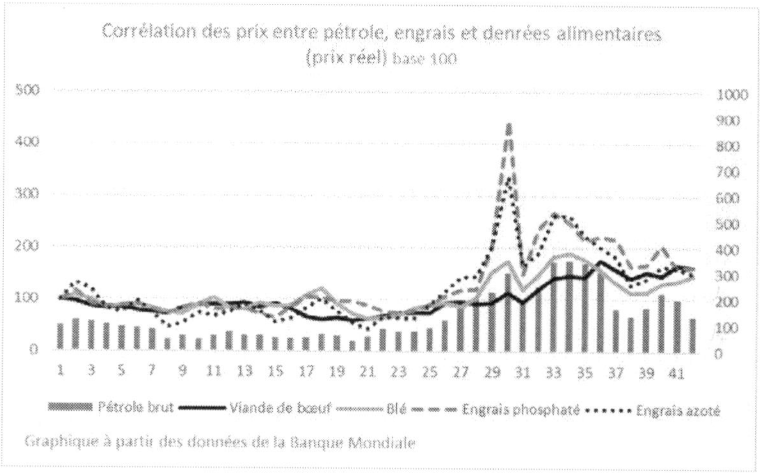

Dans le cas de la France en particulier, soulignons que la politique agricole menée, laquelle a été majoritairement axée sur l'agriculture et l'élevage industriels, s'est traduite par une forte baisse du nombre d'exploitations sur le territoire. Selon le Ministère de l'Agriculture, la France comptait en effet seulement environ 400 000 exploitations agricoles en 2015 contre un peu plus de 650 000 en 2000 et plus de 2 millions dans les années 50 [8]. Ce sont évidemment les petites et moyennes exploitations qui ont le plus souffert. Ceci a nécessairement eu des répercussions sur l'emploi puisque le nombre d'agriculteurs est passé d'un peu plus de 6 millions dans les années 50 à 750 000 en 2010. Résultat, la part de l'emploi agricole est passée de plus de 30% dans les années 50 à moins de 3% actuellement.

8. (http://agreste.agriculture.gouv.fr/IMG/pdf/AGRIFRA07c-2.pdf)

Des chiffres qui interpellent lorsque l'on sait qu'il y a actuellement plus de 3 millions de demandeurs d'emploi dans l'hexagone.

Dans leur livre « Permaculture », Perrine et Charles Hervé-Gruyer (créateurs de la Ferme du Bec Hellouin en Normandie, mise à l'honneur dans le documentaire *Demain Le Film*, césarisé en 2016 ; cette ferme fait désormais référence en matière d'agriculture durable et attire de nombreux visiteurs du monde entier) indiquaient de par leur expérience que 3 à 4 millions de microfermes sur le territoire employant entre 3 et 5 millions de personnes permettraient de subvenir aux besoins de la population française. Lorsque l'on sait qu'il faut moins de 100 000 euros en moyenne pour créer une microferme et que le manque à gagner lié à l'abattage préventif de quelques millions de canards et d'oies en raison de la grippe aviaire qui a touché fin 2016 début 2017 les centres d'élevage et de gavage des animaux a été estimé à 120 millions d'euros (coût qui a été compensé par des indemnisations par le gouvernement de plusieurs dizaines de millions d'euros provenant in fine du contribuable) ou qu'environ 80% des aides de la PAC -Politique Agricole Commune-, sur un total de plus de 7 milliards d'euros par an, vont aux exploitations de grandes cultures, cela laisse quelque peu perplexe.

Soulignons également que la mondialisation du marché des denrées alimentaires a des incidences négatives importantes pour les pays dits du Sud dans la mesure où leur agriculture ne peut pas rivaliser en termes de prix avec l'agriculture mécanisée et subventionnée en Europe par exemple. C'est en partie pour cette raison que Marc Dufumier, agronome et enseignant-chercheur français à la Chaire d'Agriculture Comparée et de Développement Agricole à AgroParisTech et auteur de nombreux ouvrages sur l'agriculture et l'alimentation, n'hésite pas à dire que la faim et la malnutrition dans les pays du Sud sont la résultante de la concurrence de l'agriculture des pays ayant une agriculture industrielle. Ainsi en attendant que les Etats mettent en place, dans un monde qui n'a plus de frontière, un système qui protège la paysannerie locale dans les pays du Sud, acheter dans les pays du Nord des produits non issus de l'agriculture industrielle constitue en quelques sortes une forme de solidarité.

Nous présentons ainsi ci-dessous différents types d'agricultures durables, l'objectif étant d'apporter au lecteur un éclairage sur chacun d'entre eux et non pas de les opposer.

Agriculture biologique

Selon l'association internationale IFOAM (International Federation of Organic Agriculture Movements) qui regroupe plus de 800 organismes adhérents dans plus de 100 pays à travers le monde, l'agriculture biologique est « un système de production qui vise à respecter la santé des sols, des écosystèmes et des populations. Il s'appuie sur les processus écologiques, la biodiversité et les cycles adaptés aux conditions locales, plutôt que l'utilisation d'intrants aux effets néfastes. L'agriculture biologique allie la tradition, l'innovation et la science au bénéfice de l'environnement commun et favorise des relations équitables ainsi qu'une bonne qualité de vie pour tous » [9].

Les principes de l'agriculture biologique ont été introduits en France à l'après-guerre et trouvent leurs fondements dans les principes de biodynamie élaborés par Rudolf Steiner dans les années 1920.

D'une manière générale, l'agriculture biologique, n'utilise pas d'engrais de synthèse et de pesticides de synthèse. La fertilisation du sol se fait par le biais d'engrais

9. (Traduit de l'anglais. source IFOAM)

et amendements d'origine naturelle et la lutte contre les nuisibles et maladies est réalisé par l'association de cultures et l'utilisation de pesticides d'origine naturelle (cuivre en particulier pour la vigne, soufre...).

La rotation des cultures est pratiquée.

Le nombre d'additifs alimentaires autorisés est d'environ 50 contre plus de 300 dans l'alimentation conventionnelle. Ces additifs sont de surcroît généralement d'origine naturelle et leur utilisation est beaucoup plus restrictive que dans l'agriculture conventionnelle.

Les colorants, exhausteurs de goût ou arômes de synthèse (n'existant pas dans la nature) ne sont pas autorisés. Les OGM sont interdits.

Si la réglementation actuelle pour la filière biologique permet l'utilisation des variétés hybrides dites à Stérilité Mâle Cytoplasmique (CMS), les instances professionnelles internationales de l'agriculture biologique se sont prononcées contre cette utilisation et préconisent de ne pas de les utiliser en agriculture biologique.

En matière d'élevage pour la production de viande, d'œufs ou de produits laitiers, la réglementation européenne prend en compte notamment le bien-être animal et le lien avec le sol. L'alimentation des animaux est réalisée à partir de produits issus de l'agriculture biologique et les traitements phytothérapiques et homéopathiques sont privilégiés pour lutter contre les maladies. La gestion des effluents est également prise en compte.

Selon l'Institut de Recherche de l'Agriculture Biologique (FIBL) qui édite annuellement un rapport regroupant les statistiques mondiales sur l'agriculture biologique, les surfaces agricoles en agriculture biologique certifiée représentent actuellement (chiffres 2015) 1,1% des terres agricoles dans le monde. Si ce chiffre reste infime, il est toutefois en forte augmentation puisqu'il était de seulement 0,3% en 2000, traduisant ainsi une multiplication par plus de 3x des surfaces en agriculture biologique (pour atteindre plus de 50 millions d'hectares) sur la période. Il est également à relativiser dans la mesure où la majorité de l'agriculture dans le monde, et en particulier dans les pays en développement, est constituée d'exploitations familiales qui n'ont pas accès ou les moyens de la certification. En 2015, près de 180 pays pratiquaient l'agriculture biologique. Notons en particulier que si la surface agricole en agriculture biologique représentait en 2016 près de 6% du total en France, certains pays ont atteint un niveau supérieur à 10%. C'est le cas notamment de l'Autriche (21%), de la Suède (17%) de la Suisse (13%) et de l'Italie (12%). Concernant le Bhoutan en particulier dont la certification vient simplement d'être introduite, 90% de la production agricole serait d'ores et déjà biologique selon les estimations, l'objectif du gouvernement étant d'atteindre 100% [10].

Soulignons en particulier que les prairies en agriculture biologique dans le monde représentent environ 65% de la surface exploitée totale en agriculture biologique, la culture de céréales moins de 8% et les fourrages 12% alors que la culture de légumes représente moins de 1% du total.

Au niveau de l'Europe en particulier, la production de céréales en agriculture biologique représente moins de 2% (3% au niveau de l'Union Européenne) du total et les légumes un peu plus de 3% (6% au niveau de l'Union Européenne).

Au niveau de la France, 76% des produits biologiques consommés proviennent de France et le solde de l'Europe et du reste du monde à parts égales [11].

10. (http://www.lesoir.be/1157750/article/demain-terre/alimentation/2016-03-21/bhoutan-en-voie-d-etre-premier-pays-100-bio)
11. (Données AgenceBio)

Quant à l'élevage, le cheptel élevé en agriculture biologique représente, en Europe, entre 0,5% et 5,7% selon les espèces, de l'ensemble du cheptel européen.

Enfin, la production aquacole bio est estimée à 150 000 tonnes de poissons (saumon, bar, truite, carpe...), crustacés (crevette, écrevisse, crabe...) et mollusques (huitres, moules) en 2012 dans le monde contre environ 5 000 tonnes en 2000. Une goutte d'eau par rapport aux 75 millions de tonnes de poisson issus de la production aquacole conventionnelle.

Seuls quelques pays comme l'Union Européenne, le Canada et Brésil notamment ont pour le moment mis en place une législation pour cette pratique (les Etats-Unis sont dans le processus pour obtenir des normes pour la certification de la pratique de l'aquaculture bio). Selon l'IFOAM, environ 240 exploitations aquacoles dans environ 30 pays seraient pour le moment certifiées.

Les principaux labels pour la France :

Agriculture biodynamique

L'agriculture biodynamique (Biologique-Dynamique) est un mode d'agriculture biologique dont les fondements ont été posés par Rudolf Steiner (Rudolf Steiner a donné environ 6 000 conférences et est l'auteur de plus de 40 ouvrages dans différents domaine. Il est notamment à l'origine de la pédagogie alternative Waldorf, et des cosmétiques Weleda et Dr. Hauschka) dans les années 20 ainsi que par son élève, biologiste et exploitant agricole, Ehrenfried Pfeiffer qui rédigea un ouvrage (*La Fécondité de la Terre, la Rétablir, la Maintenir*) sur les bases de la méthode bio-dynamique.

5 000 agriculteurs (sur une surface de l'ordre 150 000 hectares), grossistes et transformateurs pratiquent actuellement la biodynamie à travers le monde

Un des principes de cette technique est le respect de l'équilibre des différentes forces qui déterminent le niveau de fertilité maximum d'un champ, notamment la composition et l'état physique du sol, la quantité et la qualité des substances organiques présentent, le climat, la flore, l'érosion, la proximité de forêts. Si l'on développe une force à l'excès, l'équilibre est rompu affectant ainsi l'ensemble. En agriculture conventionnelle, la stimulation de la croissance des plantes par le biais d'engrais de synthèse s'accompagne d'une moindre résistance dans un autre domaine par exemple.

En bio-dynamie, la terre est considérée comme un être vivant, un organisme complexe et dynamique dont le niveau de fertilité dépend de la quantité d'humus et de matière organique contenus dans le sol, lesquels sont fonction de l'activité organique des sols permise par les bactéries, les vers, les racines, le climat... Selon le principe indiqué en 1922 par Rudolf Steiner, il faut nourrir la terre pour nourrir les plantes (contrairement à l'agriculture conventionnelle qui nourrit directement la plante sans nourrir le sol et au détriment de ce dernier).

La pratique de la bio-dynamie, qui utilise différents types de compost pour améliorer la fertilité du sol, implique un lien fort entre l'agriculture et l'animal qui est une source importante de matière organique. Elle prend également en compte les rythmes de la plante et de la nature.

L'agriculture biodynamique a de nombreuses techniques et objectifs communs avec l'agriculture biologique (utilisation d'engrais et pesticides naturels, recours à la lutte biologique, fertilisation du sol, entretien des paysages...) et quelques spécificités (absence de semences hybrides, utilisation de préparations particulières pour la fertilisation du sol...)

Quelques labels pour la France :

Permaculture

Les techniques de permaculture (tiré de « permanent agriculture » ou agriculture permanente) visent à « concevoir les installations humaines comme des écosystèmes et s'inspirent de l'observation de la nature » [12]. L'objectif est que ces installations soient résilientes et durables. Ce sont deux Australiens qui sont à l'origine des méthodes de permaculture dans les années 1970.

La permaculture peut intégrer les bonnes méthodes utilisées en agriculture biologique (non recours aux engrais et pesticides de synthèse...) mais prend également en compte des facteurs comme le non recours à des énergies fossiles, la production d'énergie à partir de sources renouvelables, une approche zéro déchets, l'éco-construction, la notion de partage ou encore le respect de l'humain (soi-même, ses proches et la communauté). Le rôle de la forêt fait également intégralement partie de l'approche de la permaculture. Plus d'infos sur https://permacultureprinciples.com/fr/

La permaculture appréhende ainsi l'écosystème dans sa globalité avec pour fondement que tout est lié. Si le compostage, la recherche de l'amélioration de la fertilité du sol, l'association des cultures et l'encouragement de la biodiversité sont caractéristiques de ce mode de culture, la plantation dense l'est également. Un sol riche permet en effet de nourrir un nombre important de plantes, dès lors que les associations sont bonnes, en jouant sur les différents niveaux racinaires et les différentes hauteurs à l'air libre (pour éviter la compétition au niveau des nutriments dans le sol et au niveau du soleil à l'extérieur) ainsi que sur les différentes vitesses de maturation des espèces.

Si un grand nombre de techniques agricoles ont été

12. (source : Livre Permaculture)

développées depuis des millénaires, il est intéressant de noter que les maraîchers de Paris au XIXe siècle avaient dû affiner progressivement leurs méthodes pour produire plus sur une surface donnée et tout au long de l'année afin de faire face à la hausse du prix du foncier et à la concurrence des maraîchers installés dans les campagnes non contraints par l'espace.

Les techniques de permaculture sont pratiquées un peu partout dans le monde et en particulier dans la plupart des pays européens. (plus d'information sur permacultureglobal.org)

Agroécologie

Selon Pierre Rabhi, pionnier à côté d'autres personnalités de l'agroécologie en France, l'agroécologie est une pratique agricole mais également une démarche humaine, intellectuelle et spirituelle.

Soulignons que ce sont les pratiques d'agricultures biodynamiques qui ont inspiré Pierre Rabhi, lequel a ensuite développé le concept d'agroécologie après s'être installé en Ardèche dans les années 60.

Les techniques de l'agroécologie accordent une importance toute particulière à la terre qui est considérée comme un organisme vivant qu'il faut protéger et dont il faut s'occuper pour maintenir ou améliorer la fertilité. L'approche de l'alimentation des plantes passe également par la fertilisation de manière naturelle du sol (utilisation principalement de compost à base de « déchets » végétaux et animaux) qui ensuite nourrira le légume ou l'arbre fruitier. Une attention particulière est donnée à la diversité des semences, à l'association des cultures et à la biodiversité en général au niveau de l'écosystème local. La protection contre les parasites repose sur la biodiversité, le choix de semences adaptées, un sol riche et vivant afin de tendre vers un écosystème équilibré et par l'utilisation de produit naturels à faible toxicité et qui dégradent rapidement. La gestion de l'eau est également au cœur des préoccupations. Les animaux sont considérés comme des êtres vivants jouant un rôle important pour la production de compost et la fertilisation vertueuse du sol et comme des êtres sensibles qui doivent être traités dignement et nourris en fonction de leurs besoins naturels. Ils font ainsi intégralement partie du modèle de production agricole.

Selon l'association Terre et Humanisme, l'agroécologie peut être décrite comme « un ensemble de techniques agricoles simples, économes, respectueuses de la biodiversité, accessibles à tous et ayant fait ses preuves de leur efficacité dans les conditions les plus difficiles. Sous-tendue par une pensée humaniste, faite de respect, d'équité, de solidarité et de coopération, l'agroécologie conduit à l'autonomie, privilégie l'économie de proximité et n'oublie pas pour autant de laisser une place à la beauté, à la poésie. [...] L'agroécologie est basée sur le respect du vivant ».

En 2011, Olivier de Schutter (rapporteur spécial des Nations Unies sur le droit à l'alimentation de 2008 à 2014), indiquait dans un rapport présenté auprès des Nations Unies que l'agroécologie avait connu un succès » notable » au cours des dix dernières années et que cette approche était une solution à privilégier pour nourrir les populations et concrétiser ainsi le droit fondamental à l'alimentation dans de nombreux pays. Les différents tests réels montrent notamment que l'agroécologie accroît la fertilité et la productivité au niveau local, réduit la pauvreté rurale en réduisant la dépendance des agriculteurs aux engrais et pesticides de synthèse et aux organismes prêteurs, contribue à l'amélioration de la nutrition grâce à la diversité des denrées produites (alors que l'agriculture conventionnelle se focalise en particulier sur l'augmentation des rendements de certaines céréales) et joue un rôle positif face au changement climatique.

Agroforesterie

Selon l'association française d'agroforesterie, celle-ci désigne les pratiques, nouvelles ou historiques, associant arbres, cultures et/ou animaux sur une même parcelle agricole, en bordure ou en plein champ. Ces pratiques sont utilisées par l'homme depuis la nuit des temps (et ont fortement régressé au XXe siècle avec le développement de l'agriculture industrielle). Le rôle des arbres est en effet multiple que ce soit au niveau de la protection du vent, du cycle et de la gestion de l'eau, de la création de matière organique, de la biodiversité qui permet une meilleure lutte contre les parasites, de son rôle d'amortisseur climatique et d'influence sur le climat local.

L'agroforesterie peut être appliquée à tous les systèmes de production : maraichage, viticulture, grandes cultures, élevage...

Tableau de synthèse

	Agriculture, élevage et pêche conventionnels	Agriculture, élevage et pêche durables,
Dépendance aux énergies fossiles	L'utilisation des énergies fossiles est responsable de l'émission de GES dans l'atmosphère et donc du changement climatique. Par ailleurs, le prix d'un produit final qui nécessite un recours important aux énergies fossiles est dépendant de l'évolution du prix de ces dernières.	
	Le prix des produits issus de l'agriculture industrielle est fortement dépendante des énergies fossiles en raison de la forte utilisation d'engrais et pesticides de synthèse dont la fabrication nécessite un recours important aux énergies fossiles et de l'approche mécanisée qui repose également sur ces dernières.	L'objectif est que la production de denrées alimentaires soit le moins possible dépendante des énergies fossiles en recourant à plus de main d'œuvre, aux animaux et aux énergies renouvelables..
Emploi	Dans le cas de la France, il y avait en 2015 environ 400,000 exploitations agricoles contre un peu plus de 650,000 en 2000 et plus de 2 millions dans les années 50.	
	Le recours à la mécanisation et aux grandes cultures réduit l'emploi agricole	Les modes de cultures sont plus créateurs d'emplois
Paysages	La beauté est une chose qui nourrit l'âme et constitue une source de joie pour l'homme. "L'émerveillement est le premier pas vers le respect" (Nicolas Hulot)	
	L'agriculture conventionnelle s'accompagne d'une uniformisation des campagnes	L'agriculture sur des petites surfaces permet de mieux préserver les paysages naturels des campagnes avec leurs diversités de formes et de couleurs notamment en associant les haies et forêts

20 idées pour agir au quotidien

Idée n°17 : je mange avec respect et en conscience

Il ne faut pas jeter le pain
Il vient du blé, il vient de loin
Pour qu'il t'arrive dans la main
Il a fallu de grands labours
Jour après jour beaucoup d'amour
Il ne faut pas jeter le pain

Ces quelques vers tirés de la magnifique chanson pour enfants de Maxime Piolot et Hervé Queffféléant, permet de se rappeler que ce qui se retrouve dans notre assiette a demandé du travail et de l'attention de la part de la part de nos semblables et que c'est un don de la nature dont nous ne pouvons nous passer qui mérite le respect. Tachons ainsi d'accorder quelques instants durant votre journée, lorsque vous vous faite vos courses, vous cuisinez ou avant de passer à table, pour avoir conscience de l'importance de respecter la nature et de remercier ce qu'elle nous offre. Par ailleurs, si de nombreux ouvrages traitent de l'importance de la pensée positive sur la santé, les grands maitres spirituels nous rappellent qu'il est particulièrement important d'être dans le moment présent et d'avoir des émotions et des pensées positives lorsque nous mangeons.

Idée n°18 : j'en fini avec les traditions barbares

Cette année pour Noël et le Nouvel An, je ne mangerai pas de foie gras ! C'est la résolution que vous pouvez décider de prendre afin de sortir de cette tradition en France, plus liée à un marketing récent, qui procurent de grandes souffrances aux animaux. Alors n'hésitez pas à retirer ce plat de vos menu festif et d'annoncer la couleur à votre entourage. Profitez-en également pour voir si d'autres traditions ou habitudes qui sont perpétuées chez vous ou dans votre entourage sont garantes du bien-être des animaux et par là même si c'est le plat de votre assiette ou les valeurs de la tradition célébrée qui est la plus importante. En particulier, les abattages rituels pratiqués par certaines religions méritent que vous vous posiez sérieusement la question.

AU-DELA DES CHOIX ALIMENTAIRES, QUELQUES IDEES POUR ALLER PLUS LOIN

J'espère que vous en êtes convaincus, modifier nos comportements à notre échelle est un véritable pouvoir individuel dont nous avons la maîtrise afin de transformer de manière profonde notre société. Si les choix alimentaires ont clairement des conséquences importantes dans de nombreux domaines qu'ils soient au niveau de l'environnement, du respect du vivant ou de la santé, social, il en va de même pour les multiples gestes que nous pouvons adopter au quotidien afin de préserver l'environnement et ne pas compromettre l'avenir de nos enfants et des générations futures. Changer les choses, ce n'est pas simplement se débarrasser de ce qui maltraite la planète et l'homme, c'est aussi créer ce que nous voulons voir se développer à l'avenir.

Voici ci-dessous une liste non-exhaustive d'actions que nous pouvons faire au quotidien pour la planète et pour l'Homme.

Privilégier les appareils électroménagers ou électroniques les plus économes en énergie.

Opter pour des ampoules basse consommation et éteindre les lumières lorsque que nous ne sommes pas dans une pièce. Choisir un fournisseur d'électricité proposant de l'énergie provenant des énergies renouvelables.

Optimiser l'isolation et chauffer modérément son foyer et opter pour les modes de chauffages les plus écologiques.

Economiser l'eau que ce soit pour le jardinage ou dans la salle de bain.

Trier et recycler les déchets.

Faire son compost.

Réduire les déplacements générateurs de gaz à effet de serre et privilégier les moyens de transports les moins polluants (transport en commun, train, vélo, co-voiturage...).

Recycler les objets dont nous ne nous servons plus (vêtements, meubles, produits électroménager...).

Utiliser des produits recyclés (papier, sacs poubelle...).

Utiliser des mouchoirs, des essuie-tout et du papier toilette issus de forêts gérées de manière durable (label FSC ou PEFC).

Acheter des cosmétiques bio (savons, shampoings, crèmes...).

Acheter des produits écologiques pour l'entretien de la maison (liquides et pastilles vaisselle, produits de nettoyage du sol et de la salle de bain...), la rénovation (peinture...) et la construction (matériaux d'isolation naturels, bois issus de forêts gérées durablement...).

Privilégiez les produits les plus durables pour les jeux des enfants.

Sortir de l'hyperconsommation encouragée par nos sociétés et adopter un mode de consommation modéré en se concentrant sur les choses essentielles et privilégier « l'être sur l'avoir » (concept de sobriété heureuse défendu par Pierre Rabhi).

Acheter des vêtements et accessoires utilisant des matières premières issus des filières biologiques (coton, lin, chanvre notamment).

Placer ses économies dans des projets ayant un fort impact environnemental et sociétal (centrales de production d'électricité issue des énergies renouvelables, projet d'aide à l'acquisition de foncier pour l'agriculture durable, projets encourageant les activités écologiques et l'entrepreneuriat dans les pays en développement...).

Eduquer et investir dans l'éducation de nos enfants pour qu'ils s'épanouissent sans frustration, qu'ils soient conscients des enjeux d'aujourd'hui et de demain, qu'ils aient conscience de la valeur de la Vie, qu'ils soient des citoyens responsables et solidaires, qu'ils deviennent des citoyens respectueux de leur prochain et du vivant en général.

Incarner les changements en développant en nous même les qualités humaines que nous vouloir voir autour de nous.

20 idées pour agir au quotidien

Idée n°19 : j'adopte un régime végétarien

Adopter un régime végétarien est bon pour votre santé, est bon pour la planète et permet de ne pas ôter la vie d'autres êtres vivants. En revanche, il est important pour sa santé de s'assurer d'avoir une alimentation diversifiée et équilibrée. Pour vous accompagner dans votre démarche et vous donner plein d'idées de recettes et menus, vous pouvez consulter les sites des associations spécialisées dans le végétarisme ou vous procurez des livres sur le sujet. Notez qu'il est également possible d'élever ses enfants sans aucun problème en suivant un régime végétarien en toute bienveillance et ce depuis le plus jeune âge.

Quelques sites d'information : Association Végétarienne de France (France), Mangez Végétarien (France), Association Suisse pour le Végétarisme (Suisse), The Vegetarian Resource Group (Etats-Unis), The Vegetarian Society (Royaume-Uni), Soins de nos Enfants (Canada), Association Végétarienne de Montréal (Canada).

Idée n°20 : je fais pousser des graines germées

Faire pousser des graines germées chez soi n'a que des avantages, c'est économique, cela ne prend pas de place, c'est facile, cela permet de se nourrir localement, cela n'utilise pas d'engrais ou de pesticides de synthèse, les bienfaits sur la santé sont nombreux (les graines germées sont une bonne source de nombreux micro-nutriments, vitamines et minéraux, et en concentration intéressante car la germination démultiplie la teneur en nutriments.

Elles contiennent également des fibres et des enzymes), c'est bon et cela apporte de la fantaisie dans vos assiettes. Les graines germées peuvent notamment s'utiliser dans des salades, au milieu d'autres crudités, dans des sandwich ou burger végétariens, et sur un lit de tomates par exemple et quelques graines germées d'alfalfa sur une bonne tapenade est un must. Pour faire pousser des graines germées, vous aurez besoin d'un germoir qui peut être entreposé dans votre cuisine sans prendre beaucoup de place. Vous trouverez différents modèles sur le marché. Et il est très facile de se procurer des graines biologiques. Vous pouvez commencer par des graines de soja, d'alfalfa ou de fenurec par exemple qui sont très faciles à faire pousser mais il existe plein d'autres graines (fenouil, coriandre, roquette, lentilles, basilic...) qui agrémenteront vos plats. Il suffit de les faire tremper quelques heures, voire une nuit dans un peu d'eau, et de les mettre dans votre germoir. Ensuite, vous n'avez qu'à les passer légèrement sous l'eau matin et soir et attendre quelques jours. Astuce, si vous n'avez pas le temps de manger les graines qui sont à point en termes d'aspect et de goût, vous pouvez les mettre dans un récipient fermé dans votre réfrigérateur et les conserver un ou deux jours de plus.

CONCLUSION

Incarner le changement, en combinant le mode de vie que nous souhaitons avec l'impératif écologique, voilà ce que nous voulons voir ! Voici une solution à notre portée et susceptible de transformer en profondeur notre société pour la rendre plus agréable à vivre et assurer une pérennité pour les générations futures. « Les hommes doivent accepter consciemment d'être les parties responsables d'un même ensemble et d'être ainsi capable d'assurer l'avenir de l'espèce », disait déjà en son temps le pionnier de l'agriculture biodynamique Ehrenfried Pfeiffer [1]. Si cette prise de conscience est importante, le simple fait que l'année 2019 ait été l'année la deuxième année la plus chaude sur la planète (s'approchant du record atteint en 2016) depuis le début des relevés de températures au XIXe siècle nous rappelle également l'urgence d'agir. Agir pas simplement pour lutter contre les choses qui nous déplaisent mais également pour construire le monde que nous souhaitons. Modifions nos comportements car les mêmes causes produisent toujours les mêmes effets et tâchons de ne plus être la grenouille qui cuit lentement sur le feu sans s'en rendre compte.

Mettons ainsi de côté sans délai et durablement notre égocentrisme, notre culpabilité, le conformisme et pensons à notre manière d'être, à l'intérêt général, au bien commun, au fait que nous sommes faits pour vivre ensemble (si vous n'en êtes pas encore convaincus, vous pouvez regarder notamment les films Dans les forêts de Sibérie ou Seul au

1. (Fécondité de la terre p 336)

Monde). Pensons au fait que nos comportements au niveau local ont des incidences au niveau global, au fait que le progrès n'a de sens que s'il est partagé et compatible avec le devenir de l'humanité et de son écosystème, au fait que l'homme n'est pas une espèce supérieure aux autres êtres vivants, et à la chance que nous avons de pouvoir profiter d'un ilot au milieu de l'univers où la vie est possible et à laisser derrière nous un endroit au moins aussi agréable que celui que nous avons trouvé. Cessons de considérer la Terre uniquement comme un objet dont on peut piller les ressources mais plutôt comme quelque chose d'unique, de sacré. Le fait de prendre quelques minutes dans sa journée pour remercier la vie, la nature et honorer les anciens de manière quotidienne comme cela se fait encore dans certaines cultures nous montre d'ailleurs que les sociétés occidentales ont sûrement oublié avec le temps des choses essentielles.

Quoi de pire que d'avoir à dire à ses enfants que l'on savait mais que l'on n'a rien fait ? Il n'y a plus d'excuses possibles car l'information est disponible et accessible pour celui qui la cherche. Et il est important de faire l'effort de s'informer, chose qui est d'ailleurs valable pour tous les domaines, car lorsque l'on s'informe de manière superficielle, il y a fort à parier que nous agissions également de manière superficielle.

L'alimentation est un acte primaire, indispensable à la vie pour nourrir notre corps et notre esprit et une véritable source de bien-être dont on aurait bien du mal à se passer. Elle est également un élément qui nous relie à la Terre en nous rappelant que nous ne sommes pas séparés de la nature, que nous en sommes issus et dépendants, chose qui apparaît d'autant plus importante à une époque où le virtuel prend de plus en plus de place dans nos vies. Prendre soin de la terre à qui nous devons la vie et qui nous nourrit et du vivant, c'est également prendre soin de nous-même. « Chaque créature vivante sur terre, chaque plante, chaque insecte et chaque animal, tout à la fois aide les autres et dépend d'eux. Quand nous protégeons notre environnement, c'est nous que nous sauvegardons », rappelait ainsi Jacques Yves Cousteau lors de l'avant-première de son film « Wonders of the Sea » qui vise à montrer les merveilles des mondes sous-marins et à prendre conscience de la nécessité de protéger ce monde fabuleux. Dès lors, lorsque nous choisissons de manger tel ou tel aliment nous donnons une image de qui nous sommes et du rapport que nous avons avec les autres.

Force est de constater que la voie suivie, visant à créer toujours plus de PIB, malgré des ressources finies, tout en infligeant des dommages considérables à l'environnement nous mène à une impasse car un tel système n'est pas durable. Un jeune enfant serait capable de comprendre cela. Amateur d'îles, lieux de vie possible pour l'homme au milieu de l'océan, j'ai toujours aimé considérer la planète bleue comme une île au milieu de l'univers. Cette image ou plutôt cette réalité ne devrait jamais être oubliée d'autant que jusqu'à ce jour nous n'avons pas trouvé d'autres îles habitables ! Lorsque nous habitons sur une île, la question de la préservation des ressources, de l'allocation des terres, de la gestion de la population et des déchets (nous devrions à ce titre prendre pour exemple la nature qui ne créé pas de déchets) sont autant d'éléments de réflexions qui se posent si nous voulons assurer la pérennité du système et qui devraient s'appliquer à l'échelle de la planète. N'est-ce pas ainsi plutôt à l'agriculture d'imprimer le rythme de notre développement ? L'agriculture, dont la fonction est de nourrir et d'assurer la sécurité alimentaire des populations ne devrait-elle pas occuper une place centrale dans nos sociétés ? « Une croissance indéfinie est impossible, car nous n'avons qu'une seule terre » prévenait ainsi déjà en son temps l'agronome et écologiste René Dumont (né en 1904 et décédé à l'âge de 97 ans, René Dumont a écrit plus de 70 ouvrages dont l'*Utopie ou la Mort* dans les années 1970 qui indiquait que « l'égoïsme des nantis nous condamne tous à la mort ») en ajoutant qu'une civilisation du bonheur est pourtant possible.

Il est grand temps de modifier notre rapport à la nature car celui que nous avons développé au cours des derniers siècles et qui a donné naissance à l'agriculture industrielle est, c'est le cas de le dire, contre-nature. La vocation de l'homme n'est certainement pas de détruire pour assouvir sa soif de consommation ou de pouvoir mais probablement de développer d'autres vertus plus universelles et de trouver un sens à sa vie. Il ne fait aucun doute qu'à la source du problème de l'agriculture moderne, il y a une crise spirituelle. Dans un de ses livres (*La Guérison du Monde*), Frédéric Lenoir (philosophe, sociologue, historien et auteurs de nombreux ouvrages) donnait d'ailleurs les valeurs universelles pour sortir la civilisation que nous avons développée, laquelle est axée uniquement sur une logique marchande. Il mentionne ainsi les notions de vérité, justice, d'amour, de respect des autres, de liberté et de beauté.

Il est temps de changer de lunettes afin de pouvoir porter un autre regard sur notre développement et sur ce que nous voulons être. Comme l'indique un proverbe africain, lorsque tu ne sais plus où tu vas, retournes-toi et regardes d'où tu viens. L'agriculture que nous pratiquons et le rapport que nous avons envers la nature et les êtres vivants sont à ce titre un véritable baromètre de l'état de notre société.

Préserver ou améliorer la fertilité de la terre devrait être une priorité absolue et devrait servir de socle lorsque nous réfléchissons aux différents axes de développement de l'humanité. A cela s'ajoute le respect et la protection de la nature, de sa biodiversité, sa beauté, sa magie ainsi que du vivant.

Avoir une alimentation responsable et solidaire est un acte important mais doit également être étendu à d'autres domaines et en particulier à celui de l'éducation des enfants qui seront les acteurs de demain. Cela passe bien évidemment par l'éducation dans le cercle familial mais également dans les écoles où chacune d'entre elles devraient avoir des plantes, des arbres et un potager. Permettre aux enfants de planter un fraisier ou une fleur et leur apprendre à savoir faire du compost par exemple devrait logiquement faire partie intégrante de la pédagogie. Apprendre dans les livres est une chose mais l'apprentissage par le geste et le vécu est bien plus efficace et ludique. Permettre aux enfants de planter une graine en ayant conscience de l'importance des 4 éléments qui sont nécessaires à la vie : la terre, l'air, l'eau et le feu (la lumière et la chaleur du soleil) auxquels nous pourrons ajouter un 5e élément tel que l'esprit ou l'amour, leur permettre d'utiliser du compost fabriqué à partir des « déchets » de la cantine (biologique bien sûr) et d'autres « déchets » verts par exemple afin de faire prendre conscience de l'importance de nourrir la terre qui à son tour nourrira la plante, de mettre la plante aromatique ou la fleur qui va bien pour lutter contre le parasitage afin de sensibiliser l'enfant à l'importance de la biodiversité, de l'arroser, leur permettre de voir grandir le fraisier, éclore les fleurs pour le plaisir des yeux puis les fruits pour ensuite les cueillir ce dernier et se délecter des saveurs, voici des choses fondamentales qui devraient être enseignés dans nos écoles à nos enfants. « L'homme des villes doit être rééduqué, réadapté à la terre [...] chose qui peut être considérablement facilité par la compréhension des phénomènes de la vie végétale, de la croissance » indiquait ainsi Ehrenfried Pfeiffer qui ajoutait que la conscience d'être responsable de la fertilité de la terre, autrement dit de tout l'avenir de la civilisation [...] est ce qui forme la base morale nécessaire ».

De même, nous ne pouvons qu'encourager les chefs cuisinier des grands restaurants et grands hôtels à donner une autre image du luxe, celle de pouvoir déguster des produits naturellement goûteux, meilleurs pour la santé et issus d'une agriculture respectueuse de l'environnement, des hommes et des animaux. C'est sûrement aussi à ces artistes de la cuisine de proposer, en tant que « leaders », des menus innovants en phase avec la réalité du monde dans lequel nous vivons et avec, nécessairement, des plats sans viande ou poissons.

J'espère que ce livre a contribué à une prise de conscience collective, qu'il aura suscité et suscitera des réflexions personnelles et des prises de conscience et surtout qu'il donnera l'envie d'incarner le changement que nous voulons voir pour nous-même, nos enfants et les générations futures.

Pour conclure ce livre, j'aimerai partager un extrait du discours à la fois touchant et moderne de l'acteur Jacques Gamblin devant l'Assemblée Nationale en novembre 2015 à qui l'on a demandé, parmi une trentaine de personnalités, de raconter sa vision du monde et de la nature.

« Non je ne suis pas un arriéré, j'aime la modernité et ses inventions si elle améliore et simplifie l'ancienneté, si elle n'est pas bouffeuse de kilowatts et si la vraie raison est de soulager la vie des gens et non de créer des besoins inutiles. On reproche aux soucieux de la Terre et de son devenir, d'être catastrophistes, pessimistes, culpabilisateurs, de vouloir revenir à l'âge de la bougie mais ce ne sont que des mots. Des mots et de la mauvaise foi, de la controverse qui patine, des combats de coqs politiques, des renvois de patates chaudes, des laisser le boulot à ceux qui vont suivre, de la peur de voir s'envoler nos acquis et se défaire nos habitudes. Ces bonnes vieilles peurs du changement et cette hésitation stérile tue le désir, tuent la fraicheur et engendrent la résignation et la morosité [...] Que voulons-nous comme vie, comme relation avec les autres ? Avec le travail, le temps libre, avec l'argent, les objets, avec la ville, les paysages, l'eau douce, l'eau salée, le bitume sous nos pieds, la terre qui salope nos chaussures, laboure nos certitudes et enracine nos existences. La vraie croissance est d'après moi celle de l'être humain qui tente de rejoindre à ces questions et celles que les économistes patentés nous enfoncent dans le crâne à coup de massue chaque matin [...] Les politiques attendent les industriels qui attendent les politiques. Tout le monde s'attend [...] Alors faisons le boulot nous-même, individuellement [...] Il n'est plus l'heure d'accuser, il est juste l'heure de mettre les mains dedans, de faire des toutes petites choses multipliées par des milliards de toutes petites qui montrent le chemin de nos désirs aux politiques peureux, de montrer l'exemple à nos décideurs [...] Montrons leur que nous avons envie de bouger pour nous, pour nos gamins et les gamins de nos gamins, parce que c'est le plus bel héritage que nous leur devons et qu'ils soient fiers de nous ».

BIBLIOGRAPHIE

Accelerated modern human–induced species losses : Entering the sixth mass extinction, Gerardo Ceballos, Paul R. Ehrlich, Anthony D. Barnosky, Andrés García, Robert M. Pringle, Todd M. Palmer

Agriculture and deforestation The EU Common Agricultural Policy, soy, and forest destruction

Agriculture et biodiversité Valoriser les synergies, INRA

Agriculture et gaz à effet de serre : état des lieux et perspectives, Réseau Action Climat, Fondation Nicolas Hulot

Agriculture mondiale : horizon 2015/2030, FAO

AGRICULTURE SANS LABOUR, FAO

Agriculture, effet de serre et changements climatiques en France, Réseau Action Climat

Agriculture, Forestry and Other Land Use Emissions by Sources and Removals by Sinks

Agroécologie, une éthique de vie Pierre Rabhi

Alimentation & Climat Impacts de l'alimentation sur le climat : prospective monde à 2030 et identification des enjeux, BIPE

Alimentation et changement climatique : le lien oublié, Grain

Alimentation, environnement et santé, lafaimexpliquée.org

Alimentation, environnement et santé, Materne Maetz

Alimentation, science et spiritualité, Gabriel Cousens

Apprendre à lutter contre la diversification, UNESCO

Assises de la pêche, Collectifs d'associations

Association CIWF

Association L214

Association Bloom

Association Générations Futures

Association Greenpeace

Associations of Prenatal Exposure to Organophosphate Pesticide Metabolites with Gestational Age and Birth Weight, Stephen A. Rauch, Joe M. Braun, Dana Boyd Barr, Antonia M. Calafat, Jane Khoury,5 M. Angela Montesano, Kimberly Yolton, and Bruce P. Lanphear

Atelier Santé et Biodiversité, Association Santé Environnement France & Ligue Roc

Atelier Santé et Biodiversité, Association Santé Environnement France & Ligue Roc

Avenir de la PAC 2014 – 2020, Pour une politique agricole, alimentaire, environnementale et rurale européenne Constats, propositions et leviers d'action, Collectifs d'associations

Bees & Pesticides, Pesticide Action Network

BILAN DE LA QUALITE DE L'EAU AU ROBINET DU CONSOMMATEUR VIS-A-VIS DES PESTICIDES EN 2014, Direction générale de la santé / Bureau de la qualité des eaux

Biodiversity for Food and Agriculture Contributing to food security and sustainability in a changing world, PAR platform For Agrobiodiversity Research

Biodiversity, Georgina Mace, Hillary Masundire, Jonathan Baillie

Ce que nous dit la natur, regards croisés sur léolution des origines à nos jours, Pierre Rabhi, Aigne Bleu, Père Holtoff, Lama Mingyour, Lama Lhundroup

Champs d'énergie humaine, Konstantin Korotkov

Changement climatique et santé humaine – Risques et mesures à prendre, OMS, OMM, PNUE

Changements Climatiques 2007, GIEC

Changements Climatiques 2013, les éléments scientifiques, GIEC

CHANGEMENTS CLIMATIQUES 2014 Incidences, adaptation et vulnérabilité, FAO

CHANGEMENTS CLIMATIQUES 2014 L'atténuation du changement climatique, GIEC

Chiffres clés du climat France et Monde, Service de l'observation et des statistiques

Climat & Santé, Qules impact du changement climatique sur notre santé, Inserm,

COEUR ET ENERGETIQUE, Michel Bercot

Colloque cristallisations sensibles, 1998, MARCEL COCUDE

CONCENTRATION OF MARKET POWER IN THE EU SEED MARKET, IVAN MAMMANA

Confronting Hidden Threats to Sustainability, The Worldwatch Institute

CONVENTION SUR LA DIVERSITÉ BIOLOGIQUE, NATIONS UNIES 1992

Coûts des principales pollutions agricoles de l'eau, COMMISSARIAT GÉNÉRAL AU DÉVELOPPEMENT DURABLE

Cristaux sensibles, Marie Françoise Tesson, Miguel Angel Fernandez Bravo

De l'utilité des baleines, Robin des Bois Association de protection de l'Homme et de l'environnement/ Avril 2010

Déclaration de Stockhom, Conférence des Nations Unies sur l'environnement

Des fraises au printemps, Fondation Nicolas Hulot

Des fraises au printemps, Fondation Nicolas Hulot

DIRECTIVES TECHNIQUES POUR UNE PÊCHE RESPONSABLE, FAO

Driving forces behind EU-27 greenhouse gas emissions over the decade 1999-2008, Eurostat

Eau & Climat, France Libertés – Fondation Danielle Mitterrand

Eau Climat, France Libertés

Ecosystems AND HUMAN WELL-BEING Biodiversity Synthesis, Millennium Ecosystem Assessment

Effect of aquaculture on world fish supplies Rosamond L. Naylor, Rebecca J. Goldburg, Jurgenne H. Primavera, Nils Kautsky§k, Malcolm C. M. Beveridge, Jason Clay, Carl Folke, Jane LubchencoI, Harold Mooney & Max Troell§k

Elevage de ruminants et changement climatique, Institut de l'élevage

Élevage et environnement, Centre d'Information des Viandes

Emission Scenarios, GIEC

Enquête EXPPERT 3 EXposition aux Pesticides PERTurbateurs endocriniens, Générations Futures

Enquête Soja, WWF

Et si ça veniat du ventre, Pierre Pallardy

Eutrophication Status of the OSPAR Maritime Area, SOPAR Commissi

Evaluation de l'exposition théorique des nourrissons et des enfants en bas âge aux résidus de pesticides apportés par les aliments courants et infantiles, I. EVEN, J.L. BERTA, J.L. VOLATIER

Évaluation des ressources forestières mondiales, FAO

Exposition de la population française aux substances chimiques de l'environnement, InVS

FACTEURS D'EMISSION DE GAZ A EFFET DE SERRE DES PRINCIPAUX ALIMENTS CONSOMMES EN France, ADEME

Fertilité des sols, Alter Agri

Fertilité du sol et biodiversité en agriculture biologique

Paul Maeder, Andreas Fliessbach, David Dubois, Lucie Gunst, Padruot Fried, Urs Niggli.

FICHE PRATIQUE SUR LES bIOTECHNOLOGIES : LES VARIéTéS HYBRIDES à cms, FRANçOIS dELMOND

Food : from farm to fork statistics, Eurostat

Gis Sol. 2011. L'état des sols de France. Groupement d'intérêt scientifique sur les sols

Global Consequences of Land Use, Jonathan Foley

Global phytoplankton decline over the past century Daniel G. Boyce, Marlon R. Lewis & Boris Worm

Graines de possibles, regards croisés sur lécologie, Pierre Rabhi, Nicolas Hulot

Guérir la terre, Yann Arthus Bertrand, Isabelle Autissier, Edgar Morin, Jean Marie Pelt, Pierre Rabhi, Coline Serreau, David Servan-Schreiber

GUIDE DU SOL, ENESAD

Guides des bonnes pratiques alimentaires dans le respect de l'environnement, CERES – Centre d'Enseignement et de Recherche pour l'Environnement et la Santé

Il était une forêt, film de Luc Jacquet avec Francis Hallé

Impactes de la pêche sur la biodiversité marine Veronica Miro Pina – Aurore Penillard – Mickaël Postic – Pierre Quévreux

Impacts of Biodiversity Loss on Ocean Ecosystem Services Boris Worm, Edward B. Barbier, Nicola Beaumont, J. Emmett Duffy, Carl Folke, Benjamin S. Halpern, Jeremy B. C. Jackson, Heike K. Lotze, Fiorenza Micheli, Stephen R. Palumbi, Enric Sala,8 Kimberley A. Selkoe, John J. Stachowicz, Reg Watson

Indira Gandhi's Speech at the Stockholm Conference ,1972

Influences de l'élevage et de la production de viande de ruminants sur le climat, Centre d'Information des Viandes

INTERACTIONS DU GENRE, DE LA BIODIVERSITÉ

AGRICOLE ET DES SAVOIRS LOCAUX AU SERVICE DE LA SÉCURITÉ ALIMENTAIRE, FAO

L'accélération de la privatisation du vivant constitue une menace pour l'alimentation et la biodiversité, lafaimexpliquée.org

L'air du sol, c'est la vie de la forêt, Jean François Ponge, Michel Bartoli

L'alimentation ou la troisième médecine, Jean Seignalet

L'atlas de la viande, Heinrich-Böll-Stiftung

L'essentiel climat et environnement de la filière bétail et viande, Interbev

L'état des ressources en terres et en eau pour l'alimentation et l'agriculture dans le monde, FAO

L'impasse alimentaire, Nicolas Hulot, le comité de veille écologique et Karine Lou Matignon

L'incroyable de votre pouvoir microbiote, Erica Sonnenburg, Justin Sonnenburg

L'ombre portée de l'élevage, FAO

L'utopie ou la mort, Réné dumont

La biodiversité c'est ma nature, Fondation Nicolas Hulot

La biodiversité c'est ma nature, Fondation Nicolas Hulot

La capture et le stockage géologique du CO2, IFP, ADEME, BRGM

La fécondité de la terre, la rétablir, la maintenir, E. Pfeiffer

La fertilité des sols : L'importance de la matière organique, Agricultures & Territoires, Chambre d'agricultyure Bas-Rhin

La guérison dui Monde, Frédéric Lenoir

La matière organique du sol, Union Européenne, Prosensols, Interreg

La qualité des produits de l'agriculture biologique, F. Lairon

La qualité du gluten : varaiations de sa composition et de ses propriétés, Gérard Branlard, Médecine & Nutrition

La revue d'humanité et biodiversité, HORS-SÉRIE 2015 Notre santé dépend-elle de la biodiversité ?

LA SITUATION MONDIALE DE L'ALIMENTATION ET DE L'AGRICULTURE , FAO

LA SITUATION MONDIALE DE L'ALIMENTATION ET DE L'AGRICULTURE, le point sur l'élevage, FAO

La situation mondiale des pêches et de l'aquaculture, FAO

LA SITUATION MONDIALE DES PÊCHES ET DE L'AQUACULTURE, FAO

La situation mondiale des pêches et de l'aquaculture, FAO

La terre en héritage, Jean Marie Pelt

L'argile : la respiration de la Terre, MABD

Le bio améliore la fertilité du sol et la biodiversité, FIBL

Le Bouthan, Thierry Mathou

Le Changement climatique et L'eau, GIEC

Le défi climatique, Fondation Nicolas Hulot

Les dernières heures du soleil ancestral, Thom Hartmann

Le Génie végétal chez les "mauvaises-herbes", La Cabane de Tellus

Le guide du végétarien débutant, Association végétarienne de France

Le livre blanc des O G M Disséminés dans l'environnement, Projet de loi 2008 Témoignages – Amendements

Le livre blanc des OGM Disséminés dans l'environnement, Projet de loi 2008

Le petit guide qui évite de dire de GROSSES bêtises, Bloom

Le rôle des abeilles dans le développement rural, FAO

Le sols, la terre et les champs, Claude et Lydia Bourgignon

Le syndrome du Titanic, Nicolas hulot

L'ENVIRONNEMENT EN EUROPE : Etat et perspectives, Agence Européenne de l'Environnement

L'ENVIRONNEMENT EN EUROPE ÉTAT ET PERSPECTIVES, Agence Européenne pour l'environnement

Les antibiorésistances en élevage : vers des solutions intégrées, CENTRE D'ÉTUDES ET DE PROSPECTIVE

Les effets de l'agriculture sur la biodiversité, Françoise Burel, Eric Garnier

Les impacts de l'élevage sur l'environnement, FAO

Les Lettres filières FNAC, janvier 2016

LES LIMITES À LA CROISSANCE (dans un monde fini) Le Rapport Meadows, 30 ans après, Donella Meadows, Dennis Meadows, Jorgen Randers

Les matières organiques du sol, Les produits organiques utilisables en agriculture en Languedoc-Roussillon

Les ménages acteurs des émissions de gaz à effet de serre, Ifen

Les pesticides et les enfants, Dr. Jacques Sténuit et Marie-Louise Van Hammée

Les préotéines : un enjeux majeur pour une alimentation humaine et animale plus durable, INRA, 2015

Les surprenantes verusq du jeûne, Sophie Lacoste

Les variétés hybrides : progrès génétique ou arnaque ?, Nature et Progrès

LETTRES L'AGRICULTURE MODERNE, Justus de Liebig

Little fish Big Impact, Lenfest Forage Fish Task Force

Livestock's Long shadow, FAO

Living Planet Report Species and spaces, people and places, WWF

Loss of Soil Organic Matter and Its Restoration, William A. Albrecht

Lutter contre le changement climatique grâce à l'élevage, FAO

LUTTER CONTRE LE CHANGEMENT CLIMATIQUE GRÂCE À L'ÉLEVAGE, FAO

Ma cure « détox » de 1 à Z, Pierre Juveneton

Main basse sur les terres agricoles en pleine crise alimentaire et financière, Grain

Mais où est donc passé le thon rouge de Méditerranée ? Greepeace

MANIFESTE POUR UNE CLE DE SOL, Christian Pacteau,

Manisfeste pour la terre et l'humanisme, Pierre Rabhi

Méthodes globales d'analyse de la qualité, ITAB

MONOCULTURE DE SOJA : CONSOMMER DE FACON RESPONSABLE DE LA

Mottet,A Global Foof Security (2017)

VIANDE POUR BAISSER NOTRE IMPACT SUR LES FORETS, FAO

Nourrir La Vie – Encyclopédie De L'alimentation Biologique Et De L'équilibre Nutritionnel Lylian Le Goff

Nous mangeons du pétrole, Dale Allen Pfeiffer

Osons, playdoyer d'un homme libre, Nicolas hulot

Parole de terre, pierre rabhi

Permaculture, Perrine et Chalres Hervé-Gruyer

Pesticides et Santé État des connaissances sur les effets chroniques, Programme Régional

Plantes et champignons : l'alliance vitale, Marc-André Selosse, Franck Richard, Pierre-Emmanuel Courty

Plus d'indépendance en soja d'importation pour l'alimentation animale en Europe Le cas de la France, WWF, Enesad

Position of the Academy of Nutrition and Dietetics :

Vegetarian Diets, JOURNAL OF THE ACADEMY OF NUTRITION AND DIETETICS

Principes de la bioelectronique de Vincent, bevincent.com

Principes et recommandations pour un approvisionnement « durable » en poisson, Bloom

PROBLÉMATIQUE DE L'EAU AGRICOLE EN MÉDITERRANÉE, FAO

Protéger la diversité génétique animale pour l'alimentation et l'agriculture, FAO

Protéger notre environnement et notre santé des perturbateurs endocriniens, Réseau Environnement Santé

Qualité des produits bio, Alter Agri

Qualité et sécurité des produits bio : une comparaison avec les produits conventionnels, FIBL

Quelle agriculture dans notre assiette, pour notre environnement et notre santé, Christine DEMEILLIERS

Quelle contribution de l'agriculture française à la réduction des émissions de gaz à effet de serre ?, INRA

Quelles plantes pour des agricultures paysannes ? Réseau Semences paysannes

Qui contrôlera l'Économie verte ?, ETC

RAPPORT ANNUEL SUR L'AGRO-ÉCOLOGIE, Ministère de l'Agriculture

RAPPORT DE LA COMMISSION AU PARLEMENT EUROPÉEN, AU CONSEIL, AU COMITÉ ÉCONOMIQUE ET SOCIAL EUROPÉEN ET AU COMITÉ DES RÉGIONS, COMMISSION EUROPÉENNE

Rapport de la Commission sur la mesure des performances économiques et du progrès social, Joseph E. STIGLITZ, Amartya SEN, Jean-Paul FITOUSSI

Rapport de synthèse de l'Évaluation des 3 Écosystèmes pour le Millénaire, Millennium Ecosystem Assessment

Rapport du Rapporteur spécial sur le droit à

l'alimentation, Olivier De Schutter, 20 décembre 2010

Rapport Planète Vivante Océans, WWF

Rapports du Groupe d'experts intergouvernemental sur l'évolution du climat (GIEC)

Recherche de qualité en prenant pour exemple la comparaison entre les procédés de la culture hors-sol et ceux de l'agriculture bio-dynamique, Markus Buchmann & Christian Hiss

Régénration par ke jeûne, Alain Saury

Réserves marines pour la mer Méditerranée, Greenpeace

Rôle des vers de terre dans la formation de la terre végétale, Charles Darwin

Santé Environnement Bretagne

SANTE ENVIRONNEMENT et PRATIQUES AGROINDUSTRIELLES, Lylian LE GOFF

Santé Environnement et Pratiques Agroindustrielles, Lylian Le Goff

Saving Water : From Field to Fork – Curbing Losses and Wastage in the Food Chain, IWMI

Se changer, changer le monde, Christophe André, Jon Kabat-zinn, Pierre Rabhi, Matthieu ricard

Seafood stewardship in crisis, Jennifer Jacquet, Daniel Pauly

Semences agricoles Monopole privé sur un bien public, Déclaration de Berne, Fondation suisse pour la diversité patrimoniale et génétique liée aux végétaux et aux animaux.

Si l'abeille disparaissait... Hubert Reeves, Planète Verte

SIGNAUX DE L'AEE 2010, LA BIODIVERSITÉ, LE CHANGEMENT CLIMATIQUE ET VOUS, Agence Européenne de l'Environnement

Site MattieuRicard.org

Soil and carbon Climate Change, Daniel Hillel and Cynthia Rosenzweig

Soil Erosion : A food and environmental threat, David Pimentel

Soil Organic Matter and its role in crop production, F.E. Allison

Spreading Dead Zones and Consequences for Marine Ecosystems Robert J. Diaz and Rutger Rosenberg

STERN REVIEW : The Economics of Climate Change

Sustainable Development : From Brundtland to Rio 2012, United Nations

The 2014 European Union Report on Pesticide Residues in Food, European Food Safety Authority

THE ECOLOGICAL FOOTPRINT ATLAS, Global Footprint Network

THE EU SEED AND PLANT REPRODUCTIVE MATERIAL MARKET IN PERSPECTIVE : A FOCUS ON COMPANIES AND MARKET SHARES, Parlement Européen

The Limits to growth, Donnell Meadows, Dennis Meadows, Jorgen Randers, William Behrens III, 1972

The world of organic agriculture, FIBL, IFOAM international

To Love And Regenerate the Earth : Further Perspectives on The Survival of Civilization, Don Weaver

To Love And Regenerate The Earth : Further Perspectives ON the Survival of Civilization,, Written and Compiled by Don Weaver

Tout ce que vous avez toujours voulu savoir sur le sol, Terre 15 novembre 2013

Un coup de Fourchette pour le climat, Réseau Action Climat

UNE POLITIQUE ALIMENTAIRE DURABLE POUR l'EUROPE Nourrir les hommes, préserver l'environnement, notre santé et les animaux, CIWF France

UNE POLITIQUE ALIMENTAIRE DURABLE POUR l'EUROPE, Nourrir les hommes, préserver l'environnement, notre santé et les animaux CIWF

VADEMECUM de la biodiversité, Communauté d'agglomération Les Lacs de l'Essonne

Variétés de Semences Appropriées pour les Agriculteurs à Petite Échelle, FAO

Variétés hybrides F1 et qualité, Dr Uwe Geier, Institut de recherche biodynamique au Forschungsring,

Vers une alimentation durable ?, Barbara Redlingshöfer

Vers une écologie de la santé, Jean-François Guégan & François Renaud

VITICULTURE : LA PREUVE PAR 3, Institut Français de la vigne et du vin

Vivre sous un climat changeant, Agence Européenne de l'Environnement

Wonders of the sea, film de Jean-Michel Cousteau,et Jean-Jacques Mantello

World agriculture : towards 2015/2030 AN FAO PERSPECTIVE

World Energy Outlook, International Energy Agency

World fertilizer trends and outlook to 2018, FAO

World Livestock 2013 Changing disease landscapes, FAO

Sommaire

Dépôt légal novembre 2021

Librinova

www.librinova.com

Made at Bielany Wrocławskie, Poland
2021-12-16
http://www.print-info.eu/

84193753R00130